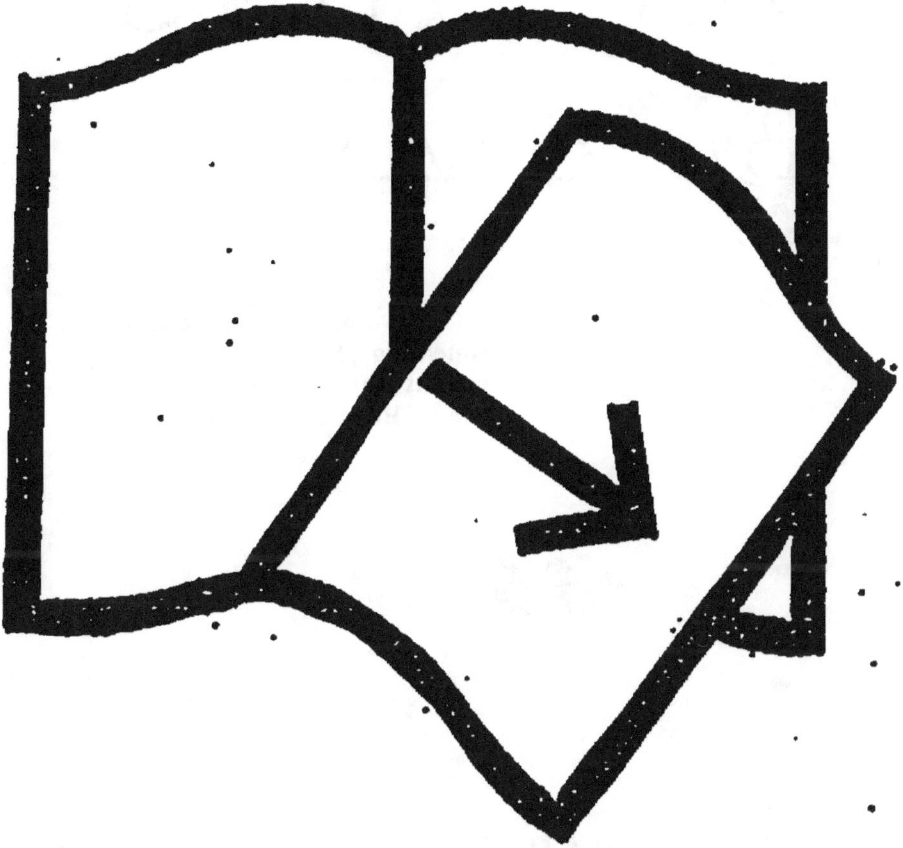

Couverture inférieure manquante

P.-L. TARGET

Ancien député

ÉLECTIONS
DU 8 MAI

Ceux qui veulent gouverner aiment la République, ceux qui veulent être gouvernés n'aiment que la Monarchie. (JOUBERT)

PARIS

ANCIENNE MAISON CHARLES DOUNIOL

P. TÉQUI, SUCCESSEUR

29, Rue de Tournon, 29

—

1898

P.-L. TARGET

Ancien député

ÉLECTIONS DU 8 MAI

> Ceux qui veulent gouverner aiment la République, ceux qui veulent être gouvernés n'aiment que la Monarchie. (JOUBERT)

PARIS

ANCIENNE MAISON CHARLES DOUNIOL

P. TÉQUI, SUCCESSEUR

29, Rue de Tournon, 29

—

1898

AVANT-PROPOS

Dans diverses brochures publiées depuis 1881, j'ai essayé d'exposer les griefs trop légitimes qu'adressent au régime actuel tous ceux qui, sans défaillance, ont consacré leur vie entière à la défense des principes d'ordre et de liberté. On me propose d'en faire paraître une seconde édition. J'y consens parce qu'il y est démontré que le régime parlementaire (1), tel qu'il est pratiqué sous la République, n'est et ne peut être qu'un régime anarchique.

Ne voit-on pas, en effet, s'accomplir ce qu'avaient prévu et prédit les membres de l'Assemblée nationale le jour où ils se sont séparés de M. Thiers? Les modérés servant de chevaux de renfort aux opportunistes : ceux-ci rendant le même service aux radicaux et ceux-là écrasés à leur tour par les socialistes, jusqu'au jour prochain où les collectivistes les traiteront comme de « vieilles guitares ».

J'estime qu'à la veille d'une consultation générale du suffrage universel, c'est un devoir strict pour tout citoyen de dire ce qu'il pense de la situation politique et d'indiquer, en toute franchise, le seul remède qui lui semble assez efficace pour conjurer les maux dont la France souffre et ceux, plus grands encore, dont elle est menacée.

---

(1) Le parlementarisme, tel que nos mauvaises mœurs l'ont fait est le pire de tous les instruments pour gouverner un grand pays... il n'est que mensonge et charlatanisme. (Lettre de M. le vicomte de Vogüé à ses électeurs, mars 1898).

Une revue rétrospective remontant à plus d'un quart de siècle en arrière sera instructive. On oublie vite en France. Sont-ils nombreux ceux qui se souviennent de l'état dans lequel notre pays se trouvait lorsque l'Assemblée s'est réunie d'abord à Bordeaux et ensuite à Versailles ? Un tiers du territoire occupé encore par l'ennemi ; nos armées prisonnières de guerre ; une insurrection formidable sur le point d'éclater, préparée qu'elle était depuis longtemps, grâce à la faiblesse des uns, à la complicité des autres ; le crédit public ruiné ; le trésor à sec ; la France mutilée par la perte de deux provinces ; une frontière ouverte et des arsenaux vides.

Et six ans après, malgré de tels désastres, grâce à la sagesse et au patriotisme de l'Assemblée nationale, l'argent affluait dans les caisses publiques ; le dernier budget voté par elle présentait un excédent de recettes de plus de cent millions ; les avances faites par la banque pendant « l'année terrible », avaient été remboursées ; le crédit public se trouvait si bien rétabli, que la rente Française était recherchée sur tous les marchés, comme une des plus solides valeurs européennes.

Nulle part, depuis la répression du criminel attentat de la Commune, l'ordre n'avait été troublé ; le commerce et l'industrie étaient prospères. Notre armée reconstituée sur la large base du service obligatoire, confiante dans l'illustre chef qui avait conquis ses grades sur les champs de bataille d'Afrique, de Crimée, d'Italie, se sentait prête à protéger le territoire contre toute agression. Comme la Russie après Sébastopol, la vaincue de Sedan s'était recueillie, et ce recueillement lui avait fait reconquérir sa place dans les conseils de l'Europe.

Depuis vingt ans que les républicains sont au pouvoir, ont-ils augmenté la prospérité, la grandeur et l'influence de la France dans le monde ? Un avenir, prochain peut-être, dessillera les yeux de plus d'un sur le profit de certaines alliances, dont l'une des conditions, si réellement l'alliance existe, serait la ratification du traité de Francfort. Mais aujourd'hui c'est uniquement de la politique intérieure qu'il s'agit.

Quelle a été l'œuvre législative ? Deux lois sectaires, que les plus modérés, comme le chef du cabinet actuel, déclarent intangibles, la loi du « sac au dos » pour les séminaristes et la loi de l'instruction primaire gratuite et laïque ; gratuite, c'est-à-dire à la charge de tous, pauvres comme riches, même de ceux qui n'envoient pas leurs enfants à l'école publique ; laïque, c'est-à-dire, sous le prétexte de neutralité, athée et portant ainsi atteinte à la liberté de conscience des pères de famille.

Et pour arriver à ce résultat, que de millions dépensés pour la construction de palais scolaires et aussi pour l'augmentation des maisons de correction, qu'alimentent de plus en plus, chaque année, les enfants élevés dans les écoles sans Dieu !

Bien des promesses ont été faites à l'agriculture. Le relèvement des droits de douane sur les céréales et les bestiaux a certainement diminué les déficits que les cultivateurs constatent chaque année dans la valeur des produits : et cependant, malgré ces mesures, le revenu de la propriété foncière et par conséquent la valeur vénale de celle-ci a certainement diminué de plus d'un quart depuis vingt ans.

Interrogez les chefs d'industrie et les commerçants ; sont-ils plus heureux ? Plus d'un vous montrera ses magasins bondés de produits qu'il ne peut écouler même à vil prix. Demandez-le, surtout, à l'ouvrier ou plutôt à sa femme qui gémit, non sans raison, de voir son foyer souvent sans feu et ses enfants rationnés pour le pain nécessaire à leur existence. Le principal motif de ces misères est le chômage, inévitable avec l'instabilité qui est l'essence même du régime républicain.

Dans la brochure dont je fais paraître une seconde édition, j'ai dit que le régime parlementaire était devenu sous la République quelque chose d'hybride et de monstrueux ; les récents débats sur l'affaire du Panama ne m'ont donné que trop raison.

Ce n'est pas, cependant, sans amertume que je constate cette tendance générale des esprits à faire litière de la liberté et à réclamer un dictateur, de crainte de la révolution sociale.« Elle est inévitable, écrivait dernièrement un député radical, si on n'arrache pas la République aux politiciens. »

Gambetta a-t-il jamais dit, comme je l'ai entendu affirmer, qu'il n'y avait pas de question sociale ? Je l'ignore ; mais j'imagine qu'aujourd'hui l'antagonisme, d'autant plus dangereux qu'il se produit dans un pays qui n'est pas gouverné, prendrait à ses yeux une gravité dont son intelligence supérieure reconnaîtrait le péril, s'il voyait nos auteurs dramatiques se complaire à traduire cet antagonisme en mettant sur la scène, le travail et le capital, le patron et l'ouvrier, le taudis et le château flambant aux hurlements de la *Carmagnole*.

Loin de moi la pensée que MM. Sardou, de Curel et Mirbeau se soient proposé d'être des apôtres de la révolution sociale; mais n'en préparent-ils pas, inconsciemment, les sinitres évènements, en se gardant bien de conclure contre ceux qui traduisent violemment par leurs actes les paroles que leur font entendre des politiciens sans aveu?

Résumons-nous : les républicains, au lendemain de la victoire des 363, avaient tout promis; à leur arrivée au pouvoir, ils ont trouvé la France calme, prospère, riche; elle est aujourd'hui appauvrie, inquiète, troublée.

A l'heure où la France est consultée, il faut que chaque électeur se rende compte de la gravité du vote qu'il va émettre. Il a un choix à faire entre le programme radical qui réclame l'impôt sur le revenu — le service militaire d'un an — la suppression du budget des cultes — et enfin le droit d'association pour tous, à l'*exception* des catholiques. Dans une forme, en apparence modérée, ce programme n'est autre que celui des socialistes, qui, sans périphrases, exigent l'impôt progressif, aboutissant à l'abolition de la propriété héréditaire, à la suppression du capital par l'accroissement considérable des droits de succession, à la constitution de la commune légale dans toutes les villes, maîtresses de leurs impôts et de la police : ce serait, on le comprend aisément, la rupture de l'unité nationale et la déchéance immédiate de la France; ce serait, en un mot — *Finis Galliæ.*

L'autre programme, celui qui, à défaut du retour aux institutions monarchiques, peut au moins ajourner les dangers qui nous menacent, est fort simple : les électeurs conservateurs doivent leur concours à ceux qui prendront, sans réticences, l'engagement de travailler, sans repos ni trève, au triomphe des idées d'ordre et de conservation sociale et de toutes les libertés.

Il faut en effet, comme l'écrivait dernièrement Mgr le duc d'Orléans, s'inspirer avant tout de l'intérêt supérieur de la France : sans l'union de tous les conservateurs, la défaite est certaine. Mais il ne saurait résulter de cette ligne de conduite dans la prochaine campagne électorale, qu'il faille cacher son drapeau, ne pas montrer les vices inguérissables du régime actuel et ne pas dire hautement « que la France ne retrouvera qu'avec la monarchie traditionnelle et représentative, la prospérité et la grandeur dont elle a joui, sous le gouvernement de la Royauté ».

I

En 1881, l'auteur des lignes qui vont suivre (1) faisant appel au bon sens de ses concitoyens, leur prédisait que, si le gouvernement républicain ne modifiait pas ses errements, un jour viendrait où il serait impossible de combler les déficits des budgets de l'Etat, des départements et des communes ; il appelait leur attention sur les périls de l'accroissement incessant du nombre des fonctionnaires ; il réclamait l'avènement d'une politique de modération et de conciliation, comme le seul remède efficace pour assurer au gouvernement républicain la stabilité qui lui fait défaut. Une politique contraire prévaudra, ajoutait-il, si les conservateurs ne savent pas faire leur devoir en luttant pour la défense de la liberté et de leurs droits.

Ces prévisions n'ont été que trop justifiées par les événements qui ont suivi.

Le 3 décembre 1888, dans une lettre adressée au *Soleil*, il disait : « Le vice de la situation, c'est surtout l'impossibilité de constituer avec les éléments

(1) Depuis la première publication de ces pages, bien des faits confirmant les appréciations et les prévisions qu'elles contenaient se sont produits ; il nous a paru utile de les rappeler et de citer un certain nombre d'articles de journaux à l'appui de la thèse, qu'une antinomie absolue existe entre les institutions républicaines, telles qu'elles sont possibles en France, et un gouvernement d'ordre et de liberté.

qui composent la majorité républicaine un gouvernement donnant à la France, affamée de repos, la sécurité du lendemain. »

Et quelques mois après, dans une brochure publiée sous le titre MONARCHIE OU ANARCHIE : « Si un gouvernement démocratique n'a pas à sa tête un chef permanent et irresponsable, il est obligé de sacrifier les intérêts de l'Etat aux entraînements souvent inconscients de l'opinion. Depuis cent ans, la France est à la recherche d'un gouvernement dont les institutions défendent l'ordre social contre les doctrines qui ont pour résultat, si ce n'est pour but, de le détruire, qui sauvegarde la propriété contre des combinaisons financières inefficaces et désastreuses, la liberté enfin, contre le despotisme ou l'anarchie : la République ne saurait lui donner ces bienfaits. »

Bien des années se sont écoulées depuis que ceci a été écrit : la situation générale du pays s'est-elle améliorée? Les maux dont nous souffrions alors ne se sont-ils pas aggravés ?

Tout au moins, n'est-il pas utile de savoir où nous en sommes, de faire, en quelque sorte, notre examen de conscience ?

L'un des écrivains les plus distingués de la presse parisienne exposait récemment en ces termes les résultats de la politique financière de la République.

« En 1876, le budget des dépenses montait à 2 milliards 570 millions. En 1896, il s'élève à 3 milliards 425 millions. D'autre part, le budget de 1876 affectait à l'amortissement de la dette 150 millions qui ne figurent plus au budget actuel, et le budget actuel bénéficie des 100 millions économisés par deux conversions de la rente.

« C'est-à-dire qu'avec 250 millions de charges en moins, le budget de 1896 doit pourvoir à 855 millions de dépenses en plus. Le résultat des vingt ans de gestion républicaine, c'est tout net *onze cents millions* d'impôts nouveaux chaque année ». M. Urbain Gohier ajoutait que la limite des forces contributives de la France était dépassée, qu'il fallait changer immédiatement de système, défaire la plus grande partie de ce qu'on avait fait et faire le contraire — ou se préparer à la BANQUEROUTE.

Ce n'est pas le dernier budget que votera la législature de 1893 qui sauvegardera la France de ce cataclysme.

Un dégrèvement de 25 millions en faveur des petites cotes immobilières a été voté à la fin de la session de 1897, sur la proposition du gouvernement, sans se préoccuper de savoir comment cette recette, indispensable cependant à l'équilibre du budget, serait remplacée.

Subsister un impôt à un autre ce n'est pas dégrever. En procédant ainsi, la méthode financière de la République aura augmenté les dépenses prévues de près de cent millions si le Sénat ne met pas bon ordre à ce gaspillage; mais le voudra-t-il et le pourra-t-il?

Pour rétablir dans les finances un équilibre réel, il faudrait aujourd'hui un emprunt de 1.500 millions à deux milliards. On ne saurait le retarder au delà des élections, et au bout de deux ans les caisses de l'Etat ne seront pas moins vides qu'à l'heure actuelle. La banqueroute est le terme fatal de la gestion financière des républicains, parce que le changement radical qui serait nécessaire n'est pas compatible avec le maintien des institutions actuelles. L'état-major, qui gouverne et exploite la France depuis 1878, ne consentira jamais à ne plus conserver à sa disposition les millions qu'il donne annuellement à sa clientèle républicaine.

Et s'il n'y consent pas, comme cela est malheureusement trop certain, ne convient-il pas que le pays, directement intéressé et souverain juge, signifie à cet état-major un congé définitif? Il le peut sans révolution, simplement par l'emploi judicieux du bulletin de vote, simplement en usant du pouvoir, le seul qui lui reste, de disposer de temps à autre de ses destinées.

Mais, pour arriver à ce résultat, un devoir s'impose à tous ceux qui sont alarmés d'une situation qui s'aggrave chaque jour : il faut que, se réveillant de leur torpeur, ils ne se contentent plus de gémir tout bas, et qu'en toutes circonstances ils s'efforcent d'éclairer l'opinion publique sur les dangers inhérents aux institutions actuelles.

D'ici à quelques semaines, les dix millions d'électeurs seront appelés à choisir, pour quatre ans, leurs mandataires.

L'heure est donc venue d'établir le bilan de la République et le compte de -- profits et pertes -- de la France, sous le régime des vingt dernières années. Ce qu'il convient de rechercher d'abord, c'est la cause du malaise général qui inquiète les moins pessimistes, et il sera facile d'indiquer ensuite le remède qu'il conviendrait de lui apporter.

Un peuple dont le gouvernement est sans autorité est fatalement condamné à périr; or cette autorité ne saurait exister lorsque le pouvoir, à tous les degrés, dépend uniquement des fluctuations du suffrage universel, de l'omnipotence du nombre.

La puissance publique est, d'après les termes de la constitution de 1875, divisée en trois pouvoirs ; mais, en fait, la Chambre des députés est souveraine.

Le président de la République, élu par les deux Assemblées, n'a, en réalité, que l'apparence de l'autorité qui lui a été déléguée.

« Il n'y a dans les institutions actuelles aucun pouvoir chargé de représenter ces intérêts durables et permanents qui se transmettent d'une génération à une autre et, s'élevant au-dessus des partis, doivent les dominer et leur survivre ; aucun qui soit assez sûr du lendemain pour ne pas être, à tout instant, tenté de céder aux entraînements passagers de l'opinion du jour ; aucun qui ait une force suffisante à opposer à la pression momentanée et capricieuse d'une majorité électorale ; aucun qui reçoive de l'expérience ou de l'hérédité les leçons et les traditions du passé ; aucun qui soit personnellement intéressé à prendre souci de l'avenir. Les pouvoirs républicains sont tous des pouvoirs pour qui le présent est tout, hier et demain n'existent pas... »

Jamais pensées plus vraies n'ont été exprimées par M. le duc de Broglie dans les trop rares discours politiques qu'il a prononcés, depuis le jour où le suffrage universel l'a condamné au silence.

La République, s'écriait un jour l'un des fidèles de Gambetta, « c'est le provisoire perpétuel ». La sécurité du lendemain ne saurait exister là où l'avenir d'une nation ne se soude pas avec son passé.

Si une crise éclate, vers qui se tourneront les regards de tous ceux, et ils sont la majorité dans une nation, qui ont besoin de la stabilité pour travailler et vivre? Sera-ce du côté du président de la République? « Elu par le Sénat et la Chambre des députés avec un mandat de sept années, c'est-à-dire pour un temps un peu plus long qu'une des deux chambres et un peu moins que le tiers de l'autre, le président de la République est toujours l'élu, ou de la majorité du jour, ou de la majorité de la veille. Si c'est de la majorité du jour, il est son œuvre et on ne peut lui reprocher d'avoir pour elle une déférence filiale. Si c'est de la majorité de la veille, il est le legs d'une majorité défunte et il ne doit songer qu'à se faire pardonner de lui survivre. Et de plus, comme il ne lui est pas défendu de penser à prolonger son pouvoir par une élection nouvelle, n'est-il pas naturel qu'il songe à ménager la majorité de demain? »

En faisant cette peinture si exacte de ce qu'est aujourd'hui la fonction de président de la République, M. le duc de Broglie ne démontre-t-il pas d'une manière irréfutable que le chef du pouvoir exécutif est, non l'arbitre, mais le prisonnier moral de ceux dont il tient ses pouvoirs?

S'il était tenté de l'oublier, il serait vite rappelé à l'ordre. L'élu, quel qu'il soit, reste l'ennemi pour ceux qui le considéraient comme leur adversaire au jour de l'élection. Certes, pour les radicaux et les socialistes eux-mêmes, M. F. Faure n'a pas montré jusqu'ici des sentiments ardents de combativité. Cela lui a-t-il quelque peu concilié, sinon leur sympathie, du moins leur respect? Qu'on en juge. Un député socialiste écrivait, il y a un an, dans la *Petite République :*

« Sachant qu'il ne représente pas la démocratie

par le chiffre et le choix des suffrages ; sachant que moralement et intellectuellement aucun respect ne lui est dû, M. Félix Faure n'a derrière lui, ni le peuple, ni l'intelligence, ni le travail, ni le talent. Il représente — à cause de ses électeurs — l'argent, la fortune mal acquise (que M. Casimir Perier représentait mieux), les appétits, les convoitises, toute cette bourgeoisie désordonnée, en rut de plaisirs nouveaux, dégradée... »

Voilà la force que confère à un chef d'État le principe électif ! !

La Constitution de 1875 l'a cependant armé de droits étendus, nous répondra-t-on : il peut révoquer les ministres ; il peut demander au Sénat l'autorisation de dissoudre la Chambre des députés ; il peut s'adresser aux Chambres par voie de message ; il peut inviter les deux Chambres à délibérer à nouveau sur certaines questions résolues par elles d'une manière dangereuse ; il peut suspendre la session pendant quelques semaines. Il a tous ces pouvoirs : mais il lui en manque un, c'est celui de pouvoir les exercer.

On s'est demandé, il y a peu de mois, au retour du Président de la République de son voyage en Russie, s'il ne serait pas opportun de procéder aux élections six mois avant le terme assigné à la législature actuelle. Après avoir reconnu le droit constitutionnel du chef de l'État de procéder à la dissolution, sous la réserve de l'acquiescement du Sénat à cette mesure, le journal officieux *Le Temps* aboutissait à cette conclusion :

« Quand bien même les avantages de la dissolution seraient indiscutables, elle ne se fera pas : quelle serait l'opinion du Sénat? On n'en sait rien; mais on devine aisément quelle serait celle de la Chambre.

La dissolution ne sera jamais populaire dans aucune Chambre : celle qui est présentement en possession d'état, moins que toute autre, ne sera d'humeur à se laisser priver d'une partie de ce mandat qu'elle met à un si haut prix. Il est donc à peu près impossible de réaliser un accord sans lequel, tout en restant légale, la dissolution, par les mécontentements qu'elle risquerait de provoquer, pourrait cesser d'être avantageuse. » (1)

Tout ce raisonnement peut se réduire à ceci : il importe peu qu'une mesure soit légale, opportune et conforme à l'intérêt général. Tout doit céder devant la crainte de mécontenter la majorité de la Chambre. C'est, à vrai dire, seulement avec la permission expresse de celle-ci que le Président de la République peut exercer les droits qui lui ont été conférés par la Constitution, et qui ont eu pour but de l'armer contre les abus ou les excès du pouvoir parlementaire de la Chambre. Ces droits n'existent, en réalité, qu'en théorie.

L'expérience l'a d'ailleurs déjà démontré. Le maréchal de Mac-Mahon en a fait l'essai, et il s'y est brisé. Ses successeurs, avertis, se sont souvenus de la leçon et aucun ne s'est avisé de suivre son exemple : ils s'étudient presque à être à la discrétion du Parlement, de crainte que le mandat qui leur a été donné ne soit brusquement arraché de leurs mains débiles. Tantôt, comme pour le maréchal de Mac-Mahon, ce sera en rendant la situation intenable à un loyal soldat; tantôt, ce sera en refusant tout concours, comme à M. Grévy ; tantôt en laissant s'établir un

____

(1) *Temps* du 4 septembre 1897.

courant d'opinion devant lequel le courage du titulaire fera défaillance.

Ainsi donc, dans notre République, point de sécurité pour le chef du pouvoir exécutif. Comment pourrait-il l'assurer aux autres, s'il ne la possède pas lui-même?

Il y a quelques mois, un examinateur posa à un candidat cette question:

— Quel est le chef de l'Etat?

— C'est le président de la République, répondit-il.

— Non, répliqua l'examinateur, c'est le président du Conseil. » En fait, l'examinateur avait raison: le président de la République peut se faire conduire dans un landau traîné par des postillons galonnés, le jour des courses et des revues, se faire rendre tous les honneurs que ne réclamerait pas un vrai souverain; mais n'était le gros traitement qui lui est attribué, sa fonction est peut-être la moins enviable parce qu'elle n'est que le simulacre de l'autorité et du pouvoir.

Quelle force aurait, au contraire, pour exercer les droits nécessaires, dans l'intérêt général de la nation qu'il gouverne, un souverain qui ne serait pas lié aux Assemblées par cette sorte de vassalité qui résulte aujourd'hui de l'origine même du pouvoir présidentiel! Représentant, non d'un parti mais de la nation entière, le Roi de France pourrait, sans crainte, faire appel à tout instant à son bon sens et à son patriotisme sans appréhender qu'on pût l'accuser ou même le soupçonner de favoriser plus particulièrement tel ou tel des partis politiques.

N'est-ce pas l'occasion de rappeler un mot de

Victor-Emmanuel ? Un jour que Cavour lui soumettait un projet très risqué, devant nécessairement provoquer de grosses complications, et qu'il le pressait d'y donner son adhésion, Victor-Emmanuel s'écria tout à coup :

« Je comprends bien que vous ne vous préoccupiez pas des conséquences. Si les choses tournent mal, ministre responsable, vous vous tirerez d'affaire en donnant votre démission et vous irez planter vos choux. Mais moi ? Moi, je ne peux pas aller planter mes choux : il faudra que je reste et qu'à mes risques et périls je retire le pays et la monarchie du pétrin où vous les aurez mis. »

II

Ce n'est donc pas du côté du palais de l'Elysée qu'en un jour de crise, le peuple pourrait tourner ses regards : serait-ce du côté du président du Conseil des ministres et de ses collègues ? Sur le terrain de la théorie constitutionnelle, tout au moins, ils apparaissent plus puissants que le président de la République ; mais, en fait, ils ont laissé, soit par leur inertie, soit par la fatalité de la situation, péricliter l'autorité qui leur avait été confiée.

« Le mal dont nous souffrons et dont, si nous n'y prenons garde, nous risquons de périr, tient, il faut le dire, à une fausse conception ou à une fausse application du régime parlementaire et à la confusion des pouvoirs. L'autorité tend ainsi à se séparer de la responsabilité ; il n'est pas de mal plus grand ni de danger plus redoutable. » En prononçant ces paroles le 18 octobre 1896, à Oloron, le ministre actuel de l'intérieur, M. Barthou, a dépeint très judicieusement le vice irrémédiable de nos institutions politiques. Là où l'autorité disparaît par dissémination, la responsabilité s'évanouit.

Un ancien chef du parti radical, son orateur le plus éloquent, effrayé des progrès du socialisme, ne s'écriait-il pas naguère dans un des plus beaux discours prononcés à la tribune du Sénat : « On a vu des cabinets obligés de compter avec ces programmes, de s'incliner devant ces illusions, de transiger avec ces mensonges et de trahir peu à peu leur propre pensée, dans l'espoir toujours déçu d'un avenir qui ne leur a jamais été accordé. C'est ainsi qu'on a vu le régime parlementaire tomber peu à peu dans le discrédit ; les gouvernements dépourvus non seulement de force, mais d'autorité ; l'administration sans direction, dans un profond désarroi, cherchant sa voie à tâtons, sous des ministères *sans lendemain...* De là les colères de ceux qu'on avait enivrés en leur versant à plein verre le vin des promesses et qui viennent demander raison à la République des déceptions que le radicalisme leur a préparées. De là la lassitude et le mécontentement du nombre immense des hommes laborieux et paisibles qui aiment la liberté sans doute, mais qui ont un impérieux besoin de repos et de sécurité. »

Nous n'avons pas de gouvernement parce que ceux à qui il appartiendrait de régir la France, président de la République et ministres, au lieu de prendre en mains la direction de la politique, se bornent à la recevoir de la volonté et du bon plaisir des majorités parlementaires. C'était à eux à former et à conduire ces majorités ; ils ont préféré se mettre à leur dévotion et se traîner à leur remorque.

Dès lors, comme l'a remarqué M. le duc de Broglie dans le discours dont un passage a été déjà reproduit, « le gouvernement n'est plus là où la responsabilité devrait être ; il est tout entier dans les commissions du Parlement. Il n'y a plus de ministre des finances, mais une commission du budget qui dispose, sans contrôle et sans compter, de la fortune publique ; il n'y a plus de ministre de la guerre, mais une commission de l'armée qui désorganise à sa fantaisie la défense nationale, souvent dans un intérêt électoral, et il en est de même dans tous les services publics. » Et comme rien n'est plus versatile et plus impuissant qu'une assemblée que personne ne conduit, il en résulte le plus singulier mélange d'inertie, d'incohérence et d'instabilité : les ministères passent comme des ombres, formés au hasard, le plus souvent par l'accouplement d'opinions inconciliables qui se condamnent mutuellement à l'inaction.

III

Si le chef du pouvoir exécutif et le ministère sont impuissants à donner cette garantie de stabilité si nécessaire à la prospérité d'une grande nation, le Parlement lui offre-t-il, au moins, des gages de sécurité ?

Dans l'esprit des auteurs de la Constitution, le Sénat devait être, selon l'expression de Gambetta, le grand Conseil des communes : par le mode même de l'élection, il apparaissait comme le représentant des idées modérées et il semblait être un pouvoir capable d'être opposé à la puissance du nombre. Par suite des modifications successives apportées déjà à la loi électorale du Sénat et de celles que les radicaux annoncent dans leurs programmes, cette assemblée sera en réalité, à l'avenir, comme la Chambre des députés, une émanation du suffrage universel dirigée par des comités composés le plus souvent de quelques politiciens de bas étage, ignorants et envieux de toute supériorité intellectuelle et morale.

Aux yeux de plus d'un républicain le rôle du Sénat est encore trop important. Le principal orateur du parti radical, M. Léon Bourgeois, n'a cessé d'insister dans ses récents discours sur la nécessité de restreindre les pouvoirs de l'Assemblée du Luxembourg. C'eût été chose faite dès l'année dernière si le Sénat n'avait pas enfoui dans ses cartons le projet de réforme électorale voté par la Chambre: les Assemblées parlementaires n'ont d'habitude aucun goût pour le suicide. Mais qui sait si la résistance du Sénat ne céderait pas devant la pression d'un cabinet radical? Et cependant, il est aisé de prévoir que le jour où la loi électorale du Sénat sera à peu près semblable à celle de la Chambre, le moment sera proche où l'on battra en brèche la dualité du pouvoir législatif et où l'on s'acheminera d'un pas rapide vers le régime de la Convention.

Déjà, du reste, les influences qui font élire les Sénateurs sont à peu près celles mêmes qui assurent l'élection des Députés.

Traversant, l'année dernière, l'un des départements dans lesquels les élections sénatoriales allaient avoir lieu, j'ai eu l'occasion d'entendre cet entretien suggestif :

« L'ancien député X, l'un des 363, paraît avoir de sérieuses chances de succès », disait un maire républicain à l'un de ses collègues. — « Vous vous trompez, lui fut-il répondu, il n'est pas franc-maçon; c'est un tel qui décrochera la timbale. » — « Mais son succès est impossible; ses collègues du conseil général n'ont ni pour son intelligence ni pour son caractère la moindre considération. » — « Cela importe peu; l'investiture de la loge maçonnique du chef-lieu suffira à Z ; il s'est engagé à être l'instrument passif de la loge ; tous les orateurs des cafés ont reçu le mot d'ordre; son succès est certain. »

Ce sont ces comités sans mandat qui, en réalité, dirigent la politique de la France. Qui de nous n'a reçu à cet égard les confidences les plus lamentablement instructives? « Cette mesure est détestable et je la déplore, vous avouera un sénateur ou un député, et cependant je la voterai parce que mon comité l'exige et que, par conséquent, ma réélection en dépend. » — Comment un pays ne serait-il pas inquiet, quand il se voit gouverné par des incapables et des brouillons, dirigeant et dominant le pouvoir nominal?

Les esprits élevés et les âmes fières se refusent à accepter un joug aussi humiliant. Leur nombre, hélas! diminue à chaque législature; n'est-ce pas un fait de notoriété banale que le niveau moral et intellectuel de nos assemblées s'abaisse de plus en plus depuis 1870? La qualification *d'honorable*, qui fait partie du langage parlementaire, ne provoque-t-elle pas des sourires trop souvent justifiés?

A ce vice originel de la représentation nationale s'en ajoute un autre que M. Deschanel qualifiait de mal honteux des démocraties, qui les pourrit, les gangrène et les tue : la *peur*. « On fait appel, disait-il, chez tous les esprits indécis à ce respect humain, à ce faux point d'honneur qui mène à toutes les faiblesses et à toutes les capitulations, la peur de ne pas paraître assez avancés. »

Dans une brochure que j'ai publiée en 1887, je disais que la seule politique des ministères républicains était « de rassembler une majorité de pièces et de morceaux et de la maintenir à peu près unie dans les moments décisifs, au prix de toutes les compromissions ».

Ce qui était déjà alors la peinture exacte de la situation politique est encore plus vrai aujourd'hui. — Comment s'étonner dès lors, que le gouvernement et la majorité étalent, comme à l'envi, leur incohérence et démontrent ainsi, par le fait même, l'état d'anarchie morale dans lequel ils jettent le pays ?

Les républicains que n'aveugle point la passion politique ou l'intérêt de se conserver place à l'assiette au beurre, ne voient-ils pas dans quel discrédit le parlementarisme, tel qu'il est pratiqué depuis vingt ans, est tombé? Ne voient-ils pas s'accroître chaque année, le nombre d'hommes qui seraient disposés à faire litière des libertés publiques?

Dans la correspondance de Napoléon à Sainte-Hélène, il y a un passage qui dépeint exactement l'état des esprits dans la plupart des départements.

« Lorsqu'une déplorable faiblesse et une versatilité sans fin se manifestent dans les conseils du pouvoir ; lorsque, cédant tour à tour à l'influence des partis contraires et vivant au jour le jour, sans plan fixe, sans marche assurée, il a donné la mesure de son insuffisance, et que les citoyens les plus modérés sont forcés de convenir que l'État n'est plus gouverné, alors une inquiétude vague se répand dans la société, le besoin de conservation l'agite et elle cherche un homme qui puisse la sauver »...

N'est-ce pas la peinture exacte de l'état de l'opinion dans beaucoup de villes et surtout dans les campagnes ? Partout on trouve les esprits fatigués et inquiets d'avoir un Parlement décrié, un gouvernement qui ne gouverne pas, impuissant à combattre et à réprimer les plus dangereuses doctrines et l'armée, elle-même, condamnée à dévorer en silence les humiliations dont la République ne sait pas la défendre.

Que de fois l'on entend dire que la France ne peut être sauvée que si elle confie ses destinées à un homme ayant la toute-puissance ?

Pour ce qui me regarde, je considère que ce remède, d'une durée nécessairement éphémère, ne résoudrait pas le problème de l'établissement d'un gouvernement durable, condition première de la prospérité et de la grandeur d'une nation comme la France. Plus tôt ou plus tard elle reconnaîtra qu'elle ne peut être sauvée qu'en revenant à son ancienne institution monarchique rajeunie par le progrès des temps modernes.

Quoi que puissent dire certains docteurs Pangloss de la République, chaque jour accroît dans le public le sentiment qu'il ne possède, en dépit des plus sonores formules, aucune garantie de sécurité. Se sentant, d'ailleurs, impuissant à rien empêcher, le pays semble se résigner à tout ; il éprouve comme une vague inquiétude contre laquelle il n'a plus la virilité de réagir. Industriels, commerçants, agriculteurs, ouvriers eux-mêmes, ceux-là du moins que les chimères socialistes n'ont pas affolés, en arrivent à se demander si la République comporte les conditions qu'exige un gouvernement régulier : peut-être reconnaîtront-ils un jour que J. de Maistre avait eu raison d'écrire « que tout ne peut être stable qu'avec un gouvernement stable ».

IV

Tout se tient dans un régime politique ; lorsque l'autorité du pouvoir exécutif est éphémère, les agents qui le représentent, à tous les degrés de l'échelle administrative, n'ont qu'un médiocre souci des intérêts généraux du pays. Préoccupés avant tout de survivre aux ministères mêmes qui les ont nommés, leur principal souci est de lier partie avec les sénateurs et les députés qu'ils croient influents ; pour ceux-ci, la bonne administration importe peu, leur réélection prime tout.

L'auteur anonyme d'une brochure publiée en 1884 dépeint en termes saisissants, plus vrais encore aujourd'hui qu'alors, la situation politique et administrative de la France : « Le député d'arrondissement se fait, pour maintenir sa position, le serviteur de ses amis et donne l'autorité de sa signature à toutes les plaintes que lui adressent les mécontents de son parti ; il dénonce le gendarme qui arrête le braconnier ; il dénonce le desservant qui prononce sans enthousiasme le *salvam fac rempublicam ;* il dénonce qui n'est pas à sa dévotion.

« Je ne sais quel historien nous raconte que Denys de Syracuse, parvenu au faîte du pouvoir, tremblait sans cesse de s'en voir précipité. Il tremblait pour son autorité, il tremblait pour sa vie, il tremblait pour ses trésors. Le tyran d'arrondissement n'a guère moins de soucis. Ce petit despote vaniteux a peur de son ombre. Celui devant lequel s'inclinent les préfets et les magistrats n'est que le serviteur humble et dévoué de sous-tyrans de canton ou de commune, qui le soutiennent parce qu'il les sert.

« Les haines du marchand besogneux pour le négociant plus habile, la jalousie de l'employé qui souffre de voir sa femme moins bien vêtue que celle de son supérieur, les rancunes de l'avocat sans cause aigri par les succès d'un collègue plus éloquent ; le député doit tout admettre, tout favoriser de son influence. Il persécute ses adversaires, et ses électeurs le dominent.

« C'est ainsi que se trouve rivée la grande chaîne sans fin de la tyrannie.

« Il faut bien faire maison nette et débarrasser l'administration des restes des anciens partis.

« Et les ministres obéissent, les ministres cèdent, les ministres tremblent devant la crainte d'une question à la tribune. »

Mais si les ministres tremblent, leurs subordonnés n'échappent pas à un sentiment identique : aussi du haut au bas de l'échelle administrative tout est maintenant subordonné aux intérêts du député républicain dont la voix peut décider de l'existence ou de la chute du ministère. Cantonniers, gardes-champêtres, employés de mairie, instituteurs, receveurs de contributions, tous marchent à la baguette, de crainte de perdre leur modeste situation, même après de longs et irréprochables services. L'instrument de la candidature officielle a été singulièrement perfectionné ; jamais, non plus, on n'a donné plus libre carrière au népotisme.

Ceux-là seuls qui ignorent ce qui se passe dans les administrations publiques ont crié à l'exagération en lisant dans le *Figaro*, il y a quelques mois, l'entrefilet suivant : « Le député Leveau possède un fils incapable autant qu'infatué. Toute carrière indépendante lui est fermée, puisqu'il y faudrait de l'intelligence. Restent la politique et l'administration. Le père Leveau, camarade d'école d'un des plus hauts personnages de l'État, lui impose à force d'importunité le jeune Leveau comme secrétaire.

« En quelques semaines, le secrétaire accumule tant de sottises que son patron veut s'en défaire à tout prix. Comment ? Leveau père est là qui supplie ou qui menace.

« Aucun chef de bureau n'accepte Leveau fils pour sous-chef ; alors, on le fera chef. Mais chef d'un bureau sérieux, il gâterait tout ; alors on crée pour lui sous une rubrique d'opérette, un bureau de fantaisie, avec sous-chef, commis, rédacteurs, expéditionnaires et gardien.

« Pour assurer au fils du bon mameluk huit mille francs de traitement, le budget paye au total trente mille francs. » Que cette anecdocte ne soit qu'un apologue, cela est possible; mais il n'en est pas moins vrai que par suite de l'augmentation des fonctions publiques, le budget de l'administration générale a été accru de plus de cent millions, depuis 1876...

Au dernier congrès de « l'Association pour l'avancement des sciences », une fort curieuse communication a été faite à cet égard par M. Turquan. Quelques chiffres sont utiles à signaler pour prouver la progression du fonctionnarisme en France.

En 1846.......... 188.000 fonctionnaires
1858.......... 217.000 —
1873.......... 285.000 —
1886.......... 330.000 —
1896.......... 400.000 —

Il faut y ajouter 8.000 fonctionnaires départementaux, 122.000 fonctionnaires communaux, soit 130.000 fonctionnaires locaux, ce qui fait un total de 530.000.

Les chiffres suivants démontrent qu'en cinquante années, la charge résultant de cet accroissement pour le trésor public a presque triplé :

En 1846................ 245 millions
1856................ 270 —
1873................ 400 —
1876................ 450 —
1894................ 545 —
1896................ 616 —

Le service des retraites, par suite, dépasse aujourd'hui 70 millions, qu'il faut trouver pour la plus grande partie sur les ressources générales du budget.

Quant à la répartition des fonctionnaires entre les divers services publics, elle s'établit ainsi :

Aux finances	80.833	fonctionnaires
Justice..............	15.000	—
Affaires étrangères....	1.239	—
Intérieur.............	17.221	—
Travaux publics......	10.000	—
Instruction publique..	125.000	—
Agriculture...........	2.640	—
Forêts	4.000	—
Commerce............	1.644	—
Colonies	4.389	—
Beaux-Arts..........	963	—
Cultes..............	42.956	—
Postes	69.000	—
Guerre	7.589	(civils)
Marine..............	21.000	(civils)

Les républicains, il y a cinquante ans, rédigeaient des articles enflammés contre les budgétivores. Depuis qu'ils sont au pouvoir, leurs réformes économiques, administratives et financières consistent uniquement, par la création de fonctions inutiles, à alourdir les charges, chaque jour plus pesantes, sur les épaules de Jacques Bonhomme. Il est bon, à ce propos, de rappeler un incident d'une séance du Sénat en 1897. On le croirait emprunté à une comédie. Ce jour-là un sénateur contestait à la tribune l'utilité de l'existence d'un ministère des Colonies. Le ministre des Colonies n'hésite pas à répondre « qu'il est tout à fait d'accord avec l'interpellateur et que si cela n'avait dépendu que de lui (le ministre) on n'aurait pas créé un rouage qu'il considère comme plus nuisible qu'utile ». M. André Lebon n'en reste pas moins titulaire d'un poste qui lui rapporte 60.000 francs, sans compter certains autres avantages.

V

L'armée, au moins, échappe-t-elle à ce sentiment de vague inquiétude qui domine dans toutes les autres fractions de la population française ? Il n'en est malheureusement rien, parce qu'elle aussi ne saurait échapper au vice radical du régime, l'insécurité du lendemain.

Un quart de siècle vient de s'écouler depuis le jour où nos malheurs de 1870 rendaient indispensable la réorganisation de l'armée, et l'œuvre nécessaire et de salut pour la France n'est pas encore terminée ! La cause principale en est dans ces changements continuels des titulaires du ministère de la guerre, choisis non en raison de leurs qualités personnelles d'organisateurs, mais en raison de leur conformité d'opinions avec le groupe que le jeu des institutions parlementaires investit momentanément du pouvoir. Chacun d'eux apporte avec lui son système, ses théories, ses favorisés, ses protégés et... ses protecteurs ; chacun s'attache, surtout, à modifier les plans de son prédécesseur, n'ayant point d'ailleurs à justifier ses vues particulières près d'un représentant d'un pouvoir né avant lui et destiné à lui survivre.

Dans de telles conditions les détails d'application de l'organisation militaire sont condamnés à l'instabilité ; du jour au lendemain les décisions sont modifiées et quelquefois bouleversées ; les situations indécises se prolongent, et rien n'aboutit.

Depuis plusieurs années déjà et surtout après les

douloureux incidents de l'expédition de Madagascar, on semblait d'accord sur l'urgence de l'organisation d'une armée coloniale. Les projets se sont succédé les uns aux autres ; ils font la navette entre le cabinet du ministre et la commission de la Chambre ; mais des préoccupations d'ordre politique les bouleversent tour à tour, et la solution, cependant bien urgente, se fait toujours attendre.

Il en est de même pour l'organisation du haut commandement dans l'armée ; la création d'un grade supérieur correspond à une nécessité évidente pour tous ceux qui ont médité sur l'organisation du commandement en se souvenant de certains incidents de la guerre de 1870 ; et cependant, dès que le projet du général Billot fut connu, les protestations les plus vives parurent dans les journaux républicains.

Dans le numéro du 20 juin 1896 de la *Petite République*, M. Jaurès s'indigne contre un tel projet. « qui vient à une heure où la plupart des grands chefs militaires sont pénétrés de l'esprit de réaction. Il vient à une heure où l'impuissance gouvernementale de la République bourgeoise a réveillé l'esprit césarien et dictatorial. Il vient à une heure où l'immensité même des forces et des intérêts militaires met le pays à la merci de ceux qui auront la maîtrise de l'armée. » Devant ces clameurs, la création proposée paraît remise aux oubliettes, dans les cartons de la rue Saint-Dominique.

Comme l'a très justement fait remarquer M. Paul de Cassagnac dans l'*Autorité*, il y a longtemps déjà :

« Le haut commandement n'existe pas et n'existera jamais, car aussitôt qu'un général s'est distingué, la

République en prend ombrage, l'annihile ou le fait disparaître. »

Le rapporteur de la commission de l'armée, composée de républicains dits de gouvernement, explique du reste en termes significatifs et qu'il convient de reproduire les motifs pour lesquels la création d'un grade supérieur est incompatible avec le régime républicain :

« On peut souhaiter, dit-il, un généralissime, on peut croire que la victoire est liée à son institution; mais alors, il faut lui donner son véritable nom. Il ne commande pas seulement aux forces militaires du pays : il absorbe en lui tous les pouvoirs de la nation. La politique est un but dont la guerre n'est qu'un moyen. Il ne pourra pas être le maître de l'ensemble des opérations militaires, s'il n'est pas à la fois le maître de la politique intérieure et extérieure du pays. Il ne sera pas généralissime : il sera dictateur ou empereur. »

N'est-ce pas proclamer que sous la République il ne peut pas y avoir de chef d'armée ? Et sans chef, que deviendront ces masses d'hommes à qui le drapeau de la France sera confié ?

En réalité, sous le régime actuel, l'armée est tenue en défiance ; pour employer une expression populaire, « on l'a à l'œil ».

L'armée ne saurait ignorer la suspicion dans laquelle elle est tenue. Comment, dès lors, n'éprouverait-elle pas un sentiment d'inquiétude en pensant à quelles mains le suffrage universel peut confier le pouvoir, un jour ou l'autre ?

Mais ce qui est surtout regrettable, c'est le fait indéniable que l'armée a le sentiment justifié qu'elle est mise, sous la République, en perpétuelle suspicion par le pouvoir dont elle sauvegarde cependant l'existence; elle n'ignore pas les violentes attaques de certains journaux, reproduites parfois à la tribune, contre les chefs qu'elle respecte et qu'elle aime: comment n'éprouverait-elle pas une perpétuelle inquiétude?

Que demain, éventualité hélas! réalisable, arrive au Parlement une majorité décidée à appliquer, en matière militaire, les idées *vraiment républicaines*, qui défendra l'armée?

Ce ne sera certainement pas le chef de l'État, personnage sans autorité matérielle ou morale, préoccupé avant tout de ne pas déplacer une majorité de laquelle il tient ses pouvoirs.

Ce ne seront pas les ministres qui s'empresseront d'être les passifs agents des passions de la majorité.

Comment s'étonner que l'armée soit inquiète? Son admirable esprit de discipline et de devoir l'empêche de manifester ce sentiment, mais il n'en est pas moins très réel et malheureusement trop justifié.

Comment ne serait-elle pas inquiète après la scandaleuse campagne qui s'est poursuivie, pendant de longues semaines, contre les officiers membres du Conseil de guerre qui ont condamné, en 1894, le capitaine Dreyfus?

Jamais spectacle plus douloureux n'a été donné à une nation que celui qui s'est déroulé au palais de justice, le mois dernier.

N'a-t-on pas vu, dans la salle de la Cour d'assises, les généraux interpellés par les défenseurs de l'écrivain que l'on serait vraiment autorisé à croire, si on ne le savait affolé par l'orgueil, soudoyé par l'or de l'étranger pour désorganiser l'armée de la France? Ne les a-t-on pas vus soumis à de révoltants interrogatoires, comme des accusés coupables d'avoir forfait à l'honneur en faisant *sciemment* condamner un innocent ?

N'a-t-on pas vu, comme le remarquait en termes indignés, M. E. Judet :

« L'Armée, livrée aux insultantes questions des fabricants de faux témoignages, de faux bordereaux, de fausse lumière ; la défense nationale, les officiers qui la dirigent, les secrets dont ils ont la responsabilité, abandonnés à des curiosités malsaines ; l'étranger triomphant du désordre, joyeux du trouble jeté dans nos travaux militaires, tandis qu'il hâte fiévreusement les siens, espérant d'une répugnante procédure tout, même des révélations qui le dispenseraient d'entretenir ici d'autres Dreyfus : — voilà la honte qui s'est étalée, quinze jours durant, au Palais de justice. »

Et il ajoutait avec grande raison, hélas !

« Nous nous demandons si le jour n'est pas devenu la nuit, si le ministère existe quelque part. Est-ce possible d'entretenir une armée, de soutenir une politique extérieure, de réclamer pour la grandeur du pays dans le monde le zèle assidu de milliers et de milliers de braves gens, le concours discret de leur dévouement, pour que tant de questions vitales, tant de bonnes volontés, soient ainsi tournées en dérision, humiliées et jetées aux pieds d'un avocat qui abuse des privilèges de sa corporation ? »

Heureusement les questions insidieuses adressées à ces généraux ont tourné à la confusion de l'écrivain qui ne peut se consoler que par les télégrammes, qu'il reçoit d'Allemagne et d'Italie, de la réprobation universelle qu'il a provoquée en France.

Le gouvernement n'a-t-il pas, par son mutisme au début du scandale, assumé une lourde responsabilité ? S'il avait agi alors avec plus d'énergie et de fermeté, l'agitation des esprits n'en serait pas arrivée à un tel état d'intensité qu'on a pu craindre, pendant plusieurs jours, qu'elle se terminât dans de sanglants conflits.

Sans suspecter les sentiments de loyauté personnelle de M. Méline, n'est-on pas autorisé à penser que, s'il n'avait pas craint de mécontenter une fraction de la Chambre dont le concours lui est nécessaire pour s'assurer la majorité, il n'eût pas attendu la séance du 22 janvier pour dire du haut de la tribune, ces simples paroles : « Je reconnais que les déclarations du capitaine Lebrun-Renaud existent. »

Cette constatation officielle des aveux de l'officier condamné par le conseil de guerre de 1894 mettait fin à cette odieuse campagne.

Pourquoi le général Billot, lui aussi, a-t-il attendu que le procès fût engagé devant le jury contre l'insulteur des chefs de l'armée française, pour prononcer cette déclaration ferme et nette : « Je répète, qu'en mon âme et conscience de soldat et de chef de l'armée, Dreyfus est un traître, Dreyfus est coupable » ?

Pourquoi a-t-il attendu la manifestation unanime du pays pour faire cette déclaration qui, le 15 février, après les affirmations réitérées des généraux, a clos le débat, et qui, venue plus tôt, l'aurait empêché de s'ouvrir?

Pourquoi M. Méline a-t-il attendu au lendemain du verdict du jury, acclamé par le pays tout entier, pour proclamer que les officiers membres du conseil de guerre de 1894 étaient d'honnêtes gens qui avaient obéi à leur conscience?

Nous n'aurions pas été condamnés à voir, douze jours durant, écœurant spectacle, les chefs de notre armée appelés comme témoins, devenus des accusés, obligés chaque jour de déjouer les plus malveillantes insinuations dirigées contre eux par les défenseurs du coupable dont l'acte odieux était, contrairement à la loi, mais en fait, soumis au verdict du jury.

Heureusement tous les mensonges, toutes les perfidies sont venus se briser devant l'honnêteté, le bon sens et le patriotisme des jurés. — Le flot de boue qui menaçait de tout envahir et sous lequel on se proposait d'étouffer la dignité de notre armée a trouvé une digue désormais infranchissable.

Quoi que puissent dire et faire dorénavant les meneurs de l'odieuse campagne, leurs vociférations seront couvertes par les cris de : « Vive la France ! Vive l'armée ! »

Un écrivain qui s'adresse à des millions de lecteurs a, dès le premier jour, démasqué l'œuvre ténébreuse entreprise pour la réhabilitation de celui qui fut le capitaine Dreyfus ; il écrivait avant le verdict du Jury : « Du courage, nous travaillons pour le pays ; le parti des honnêtes gens saura triompher des menées d'agents cosmopolites, qui menacent la sécurité de la France. »

Par son talent et son énergie, M. E. Judet a puissamment contribué à ce mouvement de réprobation qui s'est manifesté dans tous les partis ; il a droit à la reconnaissance de tous ceux qui ont à cœur de ne pas laisser compromettre le prestige et la force de l'armée.

Il a été, rôle qu'aurait pris tout gouvernement qui ne se croirait pas constamment obligé de faire le pointage des voix qui lui assurent la majorité dans la Chambre, l'un des premiers à dénoncer à l'animadversion publique les auteurs de cette odieuse campagne, dont se sont réjouis nos plus implacables ennemis.

C'est avec raison que, le 24 janvier dernier, M. le comte Lanjuinais s'écriait : « Voyez, à côté de nous, si les monarchies voisines se laissent ainsi déborder et si elles ne trouvent pas, dans la forme même de leurs institutions, le moyen de faire respecter l'honneur et l'existence même de l'armée ! »

Cette force inhérente à l'institution monarchique est si évidente pour tous les hommes de bon sens qu'un républicain radical n'a pas craint d'écrire dans le journal *La Lanterne*, le 9 janvier dernier, à la veille de la réunion du conseil de guerre :

Si la France avait un gouvernement certain de sa durée et fortement pénétré de sa responsabilité, cette affaire Dreyfus ne l'eût pas bouleversée pendant tant de mois. Les hommes de ce temps ne pensent qu'à se délivrer du souci d'une vilaine aventure. Ils comptent sur l'imprévu d'une existence toujours menacée et toujours précaire, et allègent leur conscience d'un fardeau qui, avec le pouvoir, passe à leurs successeurs.

Ainsi ils prennent et quittent le pouvoir toujours certains de ne supporter qu'une part inappréciable des responsabilités. Le gouvernement est toujours anonyme.

Cet aveu n'a pas besoin de commentaire. Le meilleur, en tous cas, est la reproduction de la vigoureuse protestation adressée le 24 novembre dernier par Mgr le Duc d'Orléans au colonel de Parseval, contre les mollesses et les hésitations du gouvernement.

« Jusqu'ici, disait-il, l'honneur de l'armée était resté inviolé. L'honneur de l'armée ! qui donc, plus que moi, aurait à cœur de le défendre ? Puis-je oublier à quelle hauteur l'avaient placé les Rois, mes ancêtres... Ceux qui n'ont pas su faire du pouvoir qu'ils détiennent un usage plus énergique, porteront devant le pays et devant l'histoire une lourde responsabilité.

« Pour moi, s'il plaît à Dieu de me rendre un jour la couronne, j'ose dire que je saurai trouver dans la conscience de mon devoir et de mon droit, ainsi que dans la puissance des institutions monarchiques, la force nécessaire pour protéger comme il convient l'honneur des soldats de la France. »

VI

Le régime actuel n'a-t-il pas enlevé aussi, à la fois aux magistrats et aux justiciables, la sécurité dont ils jouissaient jusqu'alors ?

L'inamovibilité assurait l'indépendance du magistrat et, en tout cas, le mettait à l'abri de pouvoir être soupçonné par le justiciable d'avoir rendu un arrêt dicté par un motif d'intérêt personnel.

Il n'en est plus ainsi, aujourd'hui. Sous prétexte d'épuration, la République, foulant aux pieds le principe de l'inamovibilité, a porté la plus grave atteinte à l'autorité morale de la magistrature ; les justiciables, depuis lors, se plaisent à redire que les magistrats ne sont plus, dès que la politique est en jeu, que des fonctionnaires soumis, rendant des services et non des arrêts. Il en est encore qui ont su garder leur indépendance ; mais combien sont rares les magistrats qui ne se préoccupent pas de leur intérêt personnel toutes les fois qu'ils ont à se prononcer dans les procès où, à un degré quelconque, la politique se trouve engagée! Ils ne sont pas nombreux, ceux qui sont réfractaires aux promesses ou aux menaces qui leur sont prodiguées; il en est peu qui restent insensibles aux attaques que, souvent même avant que le jugement soit rendu, la presse dirige contre eux. Qui ne se souvient des démarches, d'apparence au moins louche, qui ont précédé le jugement du tribunal de Toulouse dans le procès intenté par M. Rességuier, directeur des Verreries de Carmaux, à deux journaux socialistes et au grand orateur du parti révolutionnaire, le citoyen Jaurès? Qui ne se rappelle les cris de colère et les menaces dirigés contre la cour d'appel pour n'avoir pas confirmé le jugement du tribunal?

Ce qui ne saurait être contesté, c'est que la politique influe maintenant sur l'esprit de ceux qui autrefois ne se préoccupaient que de rendre la justice. Il ne saurait en être autrement, quand le garde des sceaux donne lui-même l'exemple de tout subordonner aux intérêts du parti, qui l'a fait le chef de la magistrature.

En veut-on des preuves? Elles abondent: il en est une, surtout, qui ne saurait être passée sous silence. Au mois d'août dernier, l'ancien Procureur de la République près le tribunal de Caen adressait au Garde des sceaux la lettre suivante:

« J'affirme qu'à l'occasion d'une poursuite exercée contre un notaire que la cour d'appel a condamné depuis, en déclarant que *ses agissements étaient de nature à éveiller tous les soupçons*, vous avez, repudiant l'avis et les instructions formelles de vos deux prédécesseurs, *exercé envers le procureur de la République de Caen une pression arbitraire et tenté de lui imprimer une direc-*

tion *illégale, en vue d'empêcher le libre cours de la justice.*

J'affirme que, *pour avoir résisté, comme il était de son devoir, à cette pression et à cette direction, le procureur de la République de Caen fut disgracié, calomnié et contraint de briser sa carrière en donnant sa démission...*

Ces choses-là étaient, jusqu'à ce jour, inconnues en France. Les chanceliers, il est vrai, avaient nom alors : Mathieu Molé, — d'Aguesseau, — Dufaure. Ils s'appellent aujourd'hui : Devès, — Thévenet, — Darlan !!!

Ce qui ne saurait être contesté, ce qui est certain, c'est que depuis le jour où le principe de l'inamovibilité a été violé, les magistrats n'ont plus, ou, en tous cas, ne passent plus pour avoir l'indépendance d'autrefois, au grand détriment du respect qu'avaient pour eux les justiciables.

Un républicain confiait dernièrement à l'un de ses amis ses hésitations au moment où il se demandait s'il allait engager un procès important. — « A quoi bon, disait-il, je suis radical et connu comme tel, le tribunal qui aura à juger mon affaire est entièrement composé d'opportunistes, je perdrai certainement ma cause. » Soupçon injuste et injurieux, dira-t-on ! Le seul fait qu'il puisse avoir été formulé prouve, néanmoins, que la considération dont jouissait la magistrature et la confiance que les justiciables avaient en elle ont été singulièrement atteintes sous la République.

Les faits de pression à tous les degrés de la hiérarchie dans la magistrature sont trop fréquents pour perdre son temps à les énumérer.

Le journal *Le Temps*, qui ne saurait être accusé de malveillance contre le régime actuel, contenait un article qu'il est bon de reproduire :

« Le mal est partout. Il est presque sur tous les fauteuils de nos magistrats. Leur indépendance n'est pas assurée par l'inamovibilité dont ils paraissent couverts. Il y a la question des nominations et de l'avancement, et, par cette porte, *la politique encore entre dans leur vie et domine leur recrutement et toute leur carrière.* L'antichambre du garde des sceaux est encombrée, pour chaque nomination, de sollicitations obstinées et *parfois menaçantes* apportées par des hommes politiques. Les magistrats le savent ; ils savent que leur avenir *n'est pas entre les mains de leurs chefs hiérarchiques, mais dans celles de leurs protecteurs ou de leurs adversaires.*

Telle est la plaie. Les incidents de détail ne sont graves que par le mal profond qu'ils accusent. Nos mœurs parlementaires et électorales *tendent à tout pervertir.* Les députés sont soucieux de leurs électeurs à qui ils ont besoin de prouver leur crédit. Les ministres dépendent des députés. Comment les juges n'en dépendraient-ils pas à leur tour ? Du haut en bas, *c'est un marchandage perpétuel* qui change toutes les administrations en une sorte de *foire politique.* »

VII

Le clergé a-t-il sous le régime actuel cette sécurité que tout gouvernement régulier s'étudie à donner aux représentants du culte ?

Depuis près d'un siècle le clergé séculier vit en France sous le régime du Concordat ; contrat imparfait comme tous les contrats humains, mais créant toutefois un *modus vivendi* acceptable sous la seule réserve qu'il soit interprété dans un large esprit de libéralisme. Tous les gouvernements qui se sont succédé en France l'avaient compris ainsi : ils s'étaient inspirés de l'esprit d'entente et d'union du pouvoir spirituel et du pouvoir temporel, qui avait animé les deux signataires de ce traité de paix, Pie VII et Napoléon ; en un mot, pendant 80 ans, le Concordat était moins appliqué dans son texte que dans son esprit.

La politique républicaine au contraire, et il en résulte un fort naturel motif d'inquiétude pour les membres du clergé, ne s'attache qu'à la lettre du contrat et à l'interprétation arbitraire qu'elle lui donne.

Aux yeux du gouvernement, les membres du clergé catholique ne sont plus que des fonctionnaires ; leurs traitements peuvent être supprimés ; et cette pénalité, tout au moins discutable au point de vue de la légalité, est appliquée arbitrairement sans que le prêtre soit invité à se disculper et à se justifier des actes qui lui sont reprochés. Ce n'est pas tout : la privation de traitement infligée à divers ecclésiastiques a été signifiée dans des termes absolument nouveaux et inattendus. Les évêques des diocèses auxquels ces prêtres appartenaient ont reçu, en effet, du ministre des cultes une lettre circulaire rédigée ainsi :

« Monsieur l'évêque,

« L'article premier du Concordat mis en vigueur par la loi du 18 germinal an X déclare que la religion catholique sera librement exercée en France et que son culte sera public, en se conformant aux règlements de police que le gouvernement jugera nécessaires pour la tranquillité publique.

« Je ne saurais, sans manquer à mes devoirs, conserver dans les cadres du service concordataire rétribué par l'État ceux de vos prêtres qui, sciemment, enfreignent cette disposition centrale et constitutive de ces services.

« J'ai décidé en conséquence, que M. l'abbé...., curé de...., convaincu d'avoir transgressé, le ...., un arrêté de police municipale régulièrement approuvé par le pouvoir compétent, interdisant les processions sur la voie publique, cesserait de recevoir à dater du jour de la dite infraction, le traitement attaché à son titre.

« Agréez, etc. »

Si le ministre des cultes a pesé les expressions dont il s'est servi, — et il est difficile d'admettre qu'il en soit autrement — jamais atteinte plus grave n'a été portée aux droits du clergé. Jusqu'ici les traitements n'étaient suspendus qu'en vertu d'un prétendu droit disciplinaire ; aux termes de la lettre, le gouvernement s'arrogerait le droit d'interdire à certains prêtres leurs fonctions, c'est-à-dire de les révoquer, contrairement à plusieurs arrêts de la cour de cassation.

Aux motifs trop justifiés d'inquiétude que ressentait déjà le clergé séculier, s'en ajoute un nouveau ; et c'est sous un ministère qui se pique de modération que cette innovation se produit. Qu'adviendra-t-il si le pouvoir tombe entre les mains de ministres sectaires ?

Si l'on en croit la statistique récemment publiée par un journal officieux, la besogne sera singulièrement avancée. Après avoir constaté, avec une satisfaction non dissimulée, que jamais les suppressions de traitement n'ont été plus nombreuses que sous le ministère Méline, il ajoute : « A l'heure actuelle, cinquante et un traitements ecclésiastiques sont supprimés, — il n'y en a jamais eu davantage. En voici le détail : un évêque (celui de Viviers), un chanoine, treize curés, vingt-cinq desservants, dix vicaires, un pasteur protestant et un rabbin. »

Ces suppressions de traitement faites sans enquête, sans jugement et sans appel, d'après le bon plaisir d'un ministre, ne sont-elles pas des actes du plus cynique arbitraire? Les adversaires du huis-clos, si nombreux parmi les opportunistes, trouvent légitime cependant cette application de l'arbitraire administratif et du bon plaisir ministériel à toute une catégorie de citoyens qui, à leurs yeux, sont des fonctionnaires.

Pour tout dire en un mot: l'Eglise et le clergé sont mis hors du droit commun.

A ces causes permanentes d'inquiétude, bien d'autres se sont ajoutées depuis quelques années : le premier devoir de l'autorité civile est d'assurer la liberté du culte et le respect des édifices consacrés à la prière; a-t-il été toujours rempli? Des énergumènes n'ont-ils pas pénétré dans les églises; n'y ont-ils pas fait du scandale en insultant par des chants, comme celui de la *Carmagnole*, aux croyances des fidèles? Et quelles ont été les mesures prises par le gouvernement pour empêcher le renouvellement de ces faits scandaleux? Elles ont consisté, non pas à poursuivre les perturbateurs, sous prétexte que leurs délits n'avaient pas été commis sur la voie publique, mais à fermer l'église pendant plusieurs heures, si ce n'est pendant quelques jours. Ce sont les fidèles qui ont été punis pour les délits commis par leurs adversaires.

Les manifestations extérieures du culte les plus inoffensives ne sont-elles pas souvent interdites aux catholiques? Il y a quelques mois, réunis sur une place publique de Versailles, ils sont chargés par la police, au moment où le prêtre, sur le seuil de la porte de l'église, élevait le Saint-Sacrement pour les bénir (1). A la Ciotat, un prêtre est condamné pour avoir porté le Viatique à un mourant, parce que, dit le jugement, des femmes le *précédaient* au lieu de le suivre : dans ce cas il y a « procession ». A Poitiers, et dans beaucoup d'autres villes, des arrêtés municipaux interdisent la circulation ou le stationnement d'un ou plusieurs groupes de citoyens, donnant ou soupçonnés de donner à leurs manifestations un caractère religieux. A Douzy, dans la Nièvre, le curé fait une procession en dehors de l'église ; il est condamné à deux jours de prison et son traitement est suspendu. Lorsque ce prêtre rentra dans sa paroisse, après avoir subi sa peine, la population lui fit une ovation et son Évêque lui adressa une lettre de félicitations. On ne put pas frapper d'amende ou de prison les habitants de la commune ; mais parce qu'il avait dans sa lettre engagé les électeurs à ne donner leurs suffrages qu'à des hommes respectueux des droits et des libertés de l'Église, l'Évêque de Nevers fût frappé d'appel comme d'abus par le Conseil d'État.

A Tulle, quatre mille habitants suivent une statue vénérée, que des jeunes gens portent sur leurs épaules ; aucun membre du clergé n'est présent ; il n'y a donc pas procession dans le sens vrai du mot ; quelques cris sont proférés par un groupe de perturbateurs ; la police se garde bien d'intervenir pour

(1) Lors du procès qui fut intenté pour cette prétendue contravention à quelques-uns d'entre eux, un témoin anglais répondit au magistrat qui l'interrogeait : « Si, à Londres, des agents avaient agi de la sorte, pas un ne serait rentré vivant chez lui. »

maintenir le bon ordre, et les coupables, aux yeux de l'administration, ce sont les catholiques.

On n'en finirait pas si on entreprenait de citer de nombreux faits analogues, sous un ministère dit modéré.

Il n'y a pas lieu de s'étonner, d'ailleurs, de cette attitude du gouvernement, lorsque l'on voit la Chambre acclamer le discours prononcé au mois de juillet dernier par un de ses membres, M. L. Hémon, et en ordonner l'affichage dans toutes les communes de France. La thèse du député du Finistère était celle-ci : la République et l'Église ne pourront jamais vivre en bonne intelligence, parce que la République représente « l'émancipation de l'esprit humain », et il ajoutait : « Demander à un régime de se priver de ses principes, c'est lui demander de s'ôter à lui-même la raison de vivre. » Ce qui revient à dire que, demander à la République d'être simplement bienveillante pour les croyances religieuses, c'est, aux yeux de la grande majorité des républicains, lui demander de se suicider.

Est-il nécessaire de rappeler la nouvelle loi sur la comptabilité des fabriques pour reconnaître que les ministres de cette religion catholique, à laquelle appartiennent cependant les neuf dixièmes des Français, sont inquiétés dans la jouissance de l'indemnité qui leur est due, dans l'exercice de leurs fonctions spirituelles, dans la liberté de la célébration du culte, dans la gestion des biens qui leur sont confiés par les fidèles? Aux yeux des républicains, le prêtre sera toujours un adversaire et sera traité comme tel; il ne saurait l'ignorer, et quel que puisse être l'esprit de charité qui l'anime à l'égard de ceux qui se déclarent les ennemis des doctrines qu'il a mission de défendre, il ne peut pas ne pas éprouver ce sentiment d'insécurité auquel le condamne le régime actuel.

La situation du clergé régulier est encore plus précaire. En ce qui concerne les congrégations non autorisées, la démonstration de leur insécurité n'a pas besoin d'être faite; du jour au lendemain le gouvernement peut, non seulement les supprimer, mais en disperser les membres. N'a-t-il pas prouvé déjà qu'au besoin il ne reculerait pas devant l'emploi de la violence? Si elles voulaient en appeler devant la justice civile de la mesure administrative qui les aurait frappées, le tribunal des conflits, présidé au besoin par le ministre de la justice, saurait les obliger à une passive résignation.

Quant aux autres congrégations, leur situation n'est guère meilleure. La loi ne permet plus à ces admirables Frères de la doctrine chrétienne, souvent malgré le vœu de la population d'un grand nombre de communes, de diriger les écoles communales. Si une école libre est fondée et qu'elle leur soit confiée, il n'est pas de difficultés ni de misérables tracasseries qu'on ne leur prodigue.

« En fondant des écoles congréganistes, s'écriait il y a quinze mois un conseiller municipal de Besançon, les cléricaux se sont mis hors la loi! » Ce parfait républicain n'aurait pas dû s'arrêter en si beau chemin; il aurait dû conclure que les cléricaux et les congréganistes ont perdu leur nationalité...

Cette question de l'enseignement est, du reste, l'une de celles sur laquelle les républicains de toutes nuances sont également intolérants.

Le 14 novembre dernier, M. Jaurès évoquait, dans la *Petite République,* le suggestif souvenir d'un entretien qu'il aurait eu avec M. Jules Ferry. « Quel est votre idéal, lui demandai-je un jour? — Ma réponse est fort simple, lui répondit l'ancien chef des opportunistes : *Organiser l'humanité, sans Dieu ni maître.* »

Or quelques jours après cette révélation de M. Jaurès, le ministre de l'instruction publique prononçait un discours dans lequel il se glorifiait de « continuer l'œuvre de Jules Ferry ».

Que ceux qui espèrent encore qu'un jour viendra où les républicains ne considèreront plus la loi scolaire, qu'il est permis de qualifier d'athée, comme intangible, perdent leurs illusions. M. Barthou, parlant au nom du Ministère, dit modéré, n'a-t-il pas déclaré, dans la séance du 12 mars, qu'aucune modification ne lui serait apportée?

Les catholiques, je devrais dire tous les chrétiens, devraient cependant s'apercevoir qu'à leur CREDO le régime actuel en oppose un autre et qu'un devoir de conscience devrait les engager à défendre et à faire respecter le leur.

Ne devraient-ils pas, enfin, ceux-là surtout qui, en se ralliant à la République, espèrent la rendre moins intolérante au point de vue religieux, protester plus énergiquement contre ces lois fiscales qui frappent les congrégations hospitalières, sous le faux prétexte d'un accroissement, impossible cependant, de leurs revenus ? Que dire de la manière dont ces lois sont appliquées et non seulement du crochetage de la porte d'un couvent d'Ursulines, opéré au mois d'août dernier, pour permettre de procéder à l'exécution d'une saisie, mais encore de bien d'autres mesures fiscales, qui, en frappant les congrégations, frappent plus encore les infortunés qu'elles secourent? — Quand un ministère dit modéré commet des actes aussi odieux, que ne peut-on pas craindre de ceux qui lui succéderont!

VIII

Les fonctionnaires, depuis le plus élevé jusqu'au plus humble, les magistrats, les officiers de tout grade, les membres du clergé ne sont pas, malgré leur grand nombre, toute la nation. Sans être organisés en corps constitués, beaucoup de Français n'en jouent pas moins, dans la vie nationale, un rôle considérable.

Dans une étude publiée par la *Revue politique et parlementaire* (n° de juillet 1896), un économiste distingué, M. A. Neymark, prouve à quel point la fortune immobilière et mobilière s'est subdivisée en France depuis un siècle. En étudiant cet article, il est facile de se convaincre que « la féodalité financière », contre laquelle protestent si violemment les journaux socialistes, comprend de nos jours presque tout le monde.

Cette masse considérable de familles qu'intéresse la sécurité du lendemain, indispensable à la prospérité d'un grand pays, la trouve-t-elle sous la République?

Lorsqu'elle voit grossir chaque année le chiffre des dépenses et les déficits budgétaires, n'est-elle pas en droit de s'inquiéter; lorsqu'elle apprend que, depuis l'apurement des comptes de la guerre et de la Commune, le rehaussement des dépenses s'est élevé à plus de 33 o/o, comme le prouve un graphique tracé dans le projet de budget pour 1897 et déposé *par le gouvernement*, n'est-elle pas justement alarmée des charges nouvelles qui la menacent ?

Il convient de reproduire ici cette pièce officielle :

EXERCICES	TOTAL EN FRANCS
1872	2.218.912.719
1873	2.497.906.499
1874	2.555.249.664
1875	2.748.513.991
1876	2.812.684.137
1877	2.811.271.889
1878	2.873.827.445
1879	2.928.528.581
1880	2.975.894.220
1881	2.995.912.170
1882	2.999.665.728
1883	3.052.688.232
1884	3.057.984.792
1885	3.062.346.942
1886	2.998.463.765
1887	3.019.204.878
1888	3.085.619.772
1889	3.099.433.729
1890	3.184.372.541
1891	3.288.756.192
1892	3.343.343.894
1893	3.311.434.698
1894	3.388.061.474

1895	3.352.285.000
1896	3.393.511.841
1897	3.438.000.000

Et pour rassurer les contribuables, inquiets de la catastrophe qu'ils prévoient, les financiers de la République ont proposé, les uns : l'impôt global et progressif, dont le principe a été voté par la Chambre des députés ; les autres : l'impôt sur la rente. Repoussé par le Sénat, l'impôt global, contre lequel la grande majorité des conseils généraux s'est prononcée, n'en reste pas moins la clé de voûte du système financier de la fraction parlementaire dont M. Bourgeois est le chef.

Cet homme d'Etat reprendra-t-il prochainement le pouvoir ?

Les discours qu'il a prononcés depuis plusieurs mois prouvent qu'il n'a en matière de finances rien atténué de ses idées, comme ils indiquent, aussi, qu'il nourrit l'espoir de son retour aux affaires après les prochaines élections.

Quelle confiance, d'autre part, les contribuables pourraient-ils avoir dans les républicains qualifiés de modérés ?

Un modéré sur lequel, comme président du conseil au commencement de cette législature et ensuite comme président de la République après le tragique événement de Lyon, l'opinion publique comptait le plus pour résister aux assauts livrés par le radicalisme et le socialisme, n'avait-il pas inscrit dans son programme cette formule : « Il faut atteindre la fortune acquise » ?

Et M. Ch. Dupuy ainsi que M. Ribot, autres modérés, n'ont-ils pas présenté et fait voter par la Chambre l'impôt progressif sur les successions ? Jusqu'à ce jour le Sénat n'a pas ratifié le vote de la Chambre parce qu'il a compris la gravité d'une mesure consacrant l'introduction du principe de la progression dans notre système fiscal.

Mais si un cabinet radical reprend la direction des affaires, n'est-il pas permis d'admettre que le Sénat cédera, un jour ou l'autre, à la pression gouvernementale?

M. Méline, du reste, chef d'un cabinet formé pour combattre les doctrines socialistes, qu'a-t-il fait? Son premier acte n'a-t-il pas été de se les approprier en faisant présenter par son ministre des finances un projet d'impôt sur la rente! Qu'est-il advenu? M. Jaurès, le ténor de la *Carmagnole* à Albi, s'est empressé de remercier M. Méline et son collègue M. Cochery « d'avoir porté à la société capitaliste ce premier et énergique coup de pioche ».

M. Jaurès en sera, cette année, il est vrai, pour ses frais de remerciements.

Le budget de 1898, tel qu'il a été, d'accord avec le ministre des finances, présenté par la commission du budget à la Chambre et voté par elle, ne contient pas du reste cette prétendue réforme. Mais la Chambre qui lui succédera ne commettra-t-elle pas cette faute économique? Quand on a vu, il y a peu de jours, le Sénat, à la demande instante du ministre des finances, voter un tarif progressif sur les successions, n'est-il pas à craindre que les futurs mandataires du suffrage universel ouvrent à deux battants la porte aux mesures fiscales rêvées par ceux qui veulent la destruction de notre état social?

Les hommes qui pensent que la fortune publique et le crédit de l'Etat dépendent de la maturité avec laquelle les mesures économiques et les lois financières sont élaborées, sont effrayés, à bon droit, de voir avec quelle légèreté les projets de loi sont soumis à l'adoption de la Chambre et du Sénat.

Nos ministres paraissent avoir oublié les sages conseils que, dans la séance du 26 décembre 1871, M. Thiers donnait à l'Assemblée nationale: « Dites au peuple, s'écriait-il, que l'impôt ne doit pas être arbitrairement réparti; qu'il ne faut pas, en essayant de le faire peser sur les riches, aller le faire peser tantôt sur les uns, tantôt sur les autres et rarement suivant l'égalité. Dites-lui que le mot *richesse* est un mot que les partis *peuvent jeter à l'envie*, mais qui a un autre sens pour une nation libre. »

Ce que M. Thiers recommandait à l'Assemblée nationale de ne pas faire, le parti républicain le fait aujourd'hui. Il jette le mot de richesse à tous les envieux sans s'inquiéter des conséquences et sans autre but réel que celui de conserver le pouvoir et de désarmer — espoir vain d'ailleurs — l'hostilité de ce socialisme dont les républicains sentent chaque jour grandir les forces.

Ce que M. Thiers recommandait aussi, comme le devoir le plus impérieux du gouvernement, c'était de s'opposer à toutes les dépenses inutiles et d'alléger *par l'économie* les charges des contribuables. Que penserait-il, que dirait-il d'un régime politique qui a laissé, presque passivement, une Chambre à l'agonie voter un budget qualifié non sans raison de *pillage électoral?*

En résumé, la politique financière du régime républicain se traduit non seulement par l'ajournement indéfini de toutes les réformes et des dégrèvements les plus urgents, mais encore par une augmentation extravagante des dépenses.

Un tel système n'est-il pas désastreux pour la marche des affaires publiques ? Et n'est-il pas humiliant pour l'amour-propre national de voir la France réduite à imiter, dans la gestion de ses intérêts financiers et économiques, l'exemple des Républiques Equatoriales ?

Un économiste, dont l'autorité ne saurait être contestée, M. R. Lavollée, écrivait dernièrement, dans le *Moniteur universel*, les lignes suivantes qu'il convient de reproduire :

« Ainsi, sur toute la ligne, sauf pour les dépenses fécondes des travaux publics et pour celles des cultes, augmentations écrasantes, prodigalités ruineuses : voilà ce que nous montre ce simple rapprochement entre le budget conservateur et le budget républicain. Toutes les fautes, toutes les folies de la République y ont imprimé leur marque : la folie des lois scolaires coûte plus de 106 millions de francs par an, la folie coloniale 54 millions, la folie de l'« épuration » judiciaire 3 millions. Plus redoutable encore, la folie du plan Freycinet et des chemins de fer électoraux a laissé sa trace indélébile au chapitre de la dette publique : elle a contribué à cette colossale augmentation de 8 milliards subie en pleine paix et qui, en accablant le présent, compromet si gravement l'avenir.

On a dit avec raison qu'une politique se jugeait à ses résultats financiers : que penser alors de la politique suivie par le régime actuel et par la majorité républicaine ? »

IX

Il faudrait vraiment être doué d'une singulière naïveté pour imaginer que l'impôt sur la richesse acquise servirait de longue étape dans cette vertigineuse descente que la France fait vers le socialisme d'Etat. Ce coup de pioche, pour se servir de l'expression même de M. Jaurès, porté à l'état social actuel, sera suivi de bien d'autres et à bref délai. Quand le suffrage universel est la seule base d'un gouvernement, on peut s'attendre à ce que les transformations violentes s'accomplissent *légalement*.

Il a suffi déjà aux socialistes, pour exercer sur la majorité de la Chambre une influence directrice, d'être une poignée, dirigée il est vrai avec une habileté supérieure, aidée d'une discipline rigoureusement observée.

N'est-il pas à craindre qu'une semblable tactique ne leur permette de conquérir dans les masses des adhésions qui, tout en étant le plus souvent inconscientes et irraisonnées, n'en pèseront pas moins, à un jour donné, d'un poids bien lourd dans les destinées de la France? Le jour, et qui sait s'il n'est pas prochain, où les socialistes seront installés au pouvoir, il importera peu que la majorité du Parlement les suive par conviction ou par peur. Quelle que puisse être la protestation qui s'élèvera alors dans la conscience publique, il faudra bien que, momentanément au moins, l'on se courbe sous les lois barbares qu'ils auront édictées. D'ailleurs, M. Jules Guesde ne s'est-il pas écrié un jour à la Chambre : « Votre légalité *nous suffira* contre vous! »

Ces lois, on les connaît d'avance. Dans un document récent, les socialistes ont, avec une entière franchise et non sans audace, dévoilé leur tactique : dans un important manifeste, la minorité de la délégation française au congrès de Londres, c'est-à-dire les *modérés*, comprenant les socialistes pourvus d'un mandat parlementaire, ont écrit que : « Si les travailleurs renonçaient à conquérir le pouvoir, s'ils n'arrachaient pas à la bourgeoisie capitaliste le bouclier gouvernemental dont elle couvre ses privilèges économiques, s'ils ne l'expropriaient pas politiquement pour l'exproprier ensuite économiquement, ils se trouveraient à jamais dans l'impuissance et la servitude, sous la risée de leurs maîtres. »

On le voit, les étapes sont bien indiquées : conquérir d'abord le pouvoir et ensuite exproprier ceux qui possèdent. Tel est le programme des « modérés » qui, comme tous les opportunistes, préparent la voie aux plus avancés. Par les projets de ceux-ci, il est facile de deviner les desseins que les autres méditent.

Ils ne les dissimulent pas du reste déjà ; il y a quelques semaines, dans la *Lanterne*, leur principal orateur rappelait aux adeptes qu'il ne fallait pas seulement combattre l'esprit religieux, mais aussi et surtout détruire le capital. « La France, écrivait-il, n'échappera à la puissance de l'Eglise, qu'en échappant à la domination du capital » : et pour mieux préciser sa pensée, il ajoutait « que l'impôt sur le revenu ne saurait suffire, car il faut déraciner la propriété capitaliste ».

A ceux qui disent que la République est une

chose, et le socialisme une autre, la *Petite République* du 24 août dernier a répondu :

« Certes nous ne prétendons pas qu'à l'heure actuelle où l'évolution économique et intellectuelle vers le socialisme intégral n'a pas encore achevé son cycle, soient classés réactionnaires tous les hommes qui ne brûlent pas des cierges dans les différentes chapelles de l'avant-garde du parti socialiste. Mais, à nos yeux, quiconque n'a pas de tendances collectivistes ou communistes devrait être considéré comme réactionnaire : les temps sont venus où il faut *affirmer hautement que quiconque n'est pas socialiste, n'est pas républicain.* »

Le péril socialiste est donc, en réalité, plus considérable qu'il ne l'a jamais été à aucune époque de notre histoire. On entend dire souvent que le socialisme fait partout des progrès, plus encore en Allemagne qu'en France ; cela est vrai. Seulement au delà du Rhin le gouvernement ne fléchit pas devant cette fraction et il ne cherche pas à s'accommoder avec ses chefs par les plus pitoyables compromissions ; il ne tolère pas les agissements révolutionnaires de certaines municipalités encourageant des grèves avec les deniers des contribuables. En France, avec le défaut d'autorité du gouvernement présent, du gouvernement d'avenir immédiat et surtout plus lointain, tout est menaçant pour ceux qui possèdent quoi que ce soit ; il n'y a en réalité qu'une *égalité* en France, celle de la communauté dans le péril. Propriétaires, capitalistes petits ou grands, sont logés à la même enseigne : insécurité du jour et plus encore du lendemain.

X

Au mois de février 1896, répondant au ministre des finances d'alors, promoteur de l'impôt global sur le revenu, un des représentants de la grande industrie s'écriait : « La période des gros bénéfices est finie pour tous : plus nous allons, plus nous voyons grandir la somme d'efforts nécessaires pour recueillir le fruit de notre travail. Mais, malgré tout notre courage, plus aussi l'inquiétude nous envahit lorsque nous sentons s'alourdir chaque année les charges que l'impôt fait peser sur l'agriculture, sur l'industrie et sur le commerce. »

L'aggravation incessante des charges fiscales est certainement une cause générale et permanente d'inquiétude pour tous les producteurs; elle n'est pas la seule. La principale est l'esprit qui, depuis vingt ans, a inspiré les lois ou les mesures par lesquelles on a voulu régler les rapports entre employeurs et employés. Loin de se préoccuper de tenir la balance égale entre ces deux intérêts et au lieu de chercher à les unir, on s'est étudié à créer entre eux une antinomie, aussi dommageable aux uns qu'aux autres. Le bureau de l'Association de l'industrie et de l'agriculture française le constatait en ces termes, au commencement de cette année:

. « Le Parlement est saisi de divers projets législatifs qui paraissent de nature à exercer une regrettable influence sur la situation économique et sociale du pays.

« Si l'on examine ces textes dans une vue d'ensemble, on leur reconnaîtra un caractère commun.

Tous dénotent *un parti pris d'hostilité contre le capital*.

« Tous semblent inspirés par cette pensée, que l'action de l'État a été insuffisante jusqu'ici et que celui-ci doit intervenir de plus en plus pour régler la distribution des richesses, soit indirectement en s'interposant entre le patron et l'ouvrier et en s'attribuant vis-à-vis de celui-ci le rôle exclusif de protecteur, soit en prélevant sous forme d'impôts une part toujours plus considérable du capital et en préparant, ainsi, le nivellement des fortunes. »

Au nombre des signataires de cette circulaire, adressée aux présidents de toutes les grandes associations industrielles et commerciales, se trouvait le président actuel du conseil.

On ne contestera pas sans doute que M. Méline soit en même temps capable d'apprécier le caractère et la portée des lois économiques et très républicain.

Ce n'est pas, dira-t-on, la République qui a établi la liberté des grèves et des coalitions ouvrières : cela est vrai, mais en laissant les ouvriers, ou plutôt les politiciens qui les mènent, pousser jusqu'à l'abus le plus intolérable l'exercice de leur droit, le gouvernement républicain n'a-t-il pas singulièrement aggravé les périls de la législation impériale?

En tous cas la loi sur les syndicats ouvriers est bien l'œuvre de la République. A-t-elle amélioré les rapports entre les patrons et les ouvriers? Loin de là, son influence a été des plus funestes pour les ouvriers eux-mêmes. On ne saurait oublier ce qui est advenu à Rive-de-Gier.

La société ouvrière créée pour faire une concurrence aux patrons a été obligée de liquider dans des conditions désastreuses. On tente un nouvel essai à Albi, l'avenir dira si les ouvriers, là comme à Rive-de-Gier, n'ont pas fait une entreprise au-dessus de leurs forces. Si le succès couronne leurs efforts, rien ne sera mieux, d'autant plus que le travail ne peut rien sans le secours de *capital*, de quelque façon que celui-ci soit réuni. Mais, s'il convient de réclamer pour les ouvriers la liberté, encore faut-il qu'il y ait au moins égalité de traitement pour les patrons ; car, si ces derniers voient le gouvernement tolérer ou même encourager tacitement les attaques dirigées contre eux, comment s'étonner qu'ils se laissent aller au découragement que l'insécurité du lendemain doit leur inspirer ?

XI

Si les industriels et les commerçants ne sont assurés d'aucune sécurité sous le régime actuel, les ouvriers pour lesquels on affecte d'éprouver une si grande sollicitude, ont-ils au moins le privilège de la posséder ? Les nouvelles lois ont-elles eu le résultat que l'on espérait ? Qu'ont-elles produit au point de vue du bien-être des ouvriers ? S'est-il développé ? Ou, au contraire, n'est-on pas obligé de reconnaître que, dans leur application, ces lois ont été loin de donner satisfaction aux légitimes intérêts des travailleurs ?

La loi sur les syndicats n'est-elle pas devenue une loi d'oppression pour un grand nombre d'entre eux ?

Les vices de cette loi n'apparaissaient pas au début,

mais il n'a pas fallu grand temps pour qu'ils prissent le plus dangereux développement. A force de se présenter comme la personnification de la défense des droits des ouvriers, les syndicats en sont arrivés à poser en principe que, seuls, ils étaient en droit de parler au nom des ouvriers de leur corporation. De là à qualifier de traîtres ceux qui se refusaient à s'affilier à un syndicat, il n'y avait qu'un pas, et il a été vite franchi ; suspects et accusés de trahison, traités en ilotes, les indépendants sont frappés d'ostracisme ; les chefs d'industrie qui auraient été disposés à les prendre sont mis à l'index et, s'ils résistent, leurs ouvriers syndiqués les quittent immédiatement. La liberté n'existe plus ; qu'ils le veuillent ou non, les ouvriers sont obligés de l'aliéner entre les mains de quelques-uns d'entre eux qui, le plus souvent sans mandat régulier, se sont érigés en maîtres exigeant une obéissance passive. Jamais tyrannie ne fut plus odieuse et plus opposée à ce droit de liberté inscrit en tête des principes de 1789, si souvent invoqués, plus souvent encore violés.

La loi de 1884 a été, on ne saurait le nier, une arme de guerre mise entre les mains des ouvriers contre les chefs d'industrie. Et cependant si la faiblesse du gouvernement ne l'avait pas laissé violer dans son texte, ses effets auraient été moins dommageables aux intérêts même des ouvriers. Livrés à eux-mêmes, ceux-ci seraient facilement amenés à comprendre et à reconnaître que leurs intérêts sont solidaires de ceux qui les emploient, que toutes les mesures de nature à décourager les chefs d'industrie, à effrayer le capital, à restreindre la richesse individuelle, ont une influence désastreuse sur leur situation. Mais, depuis l'entrée des politiciens dans les syndicats, crédules comme ils le sont pour la plupart et incapables de discerner à première vue l'inanité de certaines théories d'apparence séduisante, les ouvriers croient aux promesses décevantes qu'on leur prodigue; et le jour où par le bulletin de vote ils exercent leur souveraineté, les meilleurs grossissent le nombre de ces députés dont les votes sont acquis aux mesures les plus dangereuses.

Ils regrettent ensuite l'entraînement auquel ils ont cédé, mais il est trop tard ; pendant quatre ans, ils sont à la merci de leurs mandataires : ils ne peuvent les empêcher de traduire en propositions de lois toutes les insanités qui leur traversent la tête, et ils ne sont pas assurés que la majorité écarte ces projets.

N'est-il pas naturel que, dans de telles conditions, les ouvriers, qui savent que leur bien-être est corrélatif à la quantité de travail qui leur est donné par ceux qui les emploient, soient inquiets? Quand ils se rendent compte que les lois votées depuis vingt ans ou celles qui sont soumises aux délibérations de la Chambre sont de nature à éloigner encore de l'industrie et de l'agriculture les capitaux, déjà si timides, comment ne se laisseraient-ils pas aller à un profond sentiment d'inquiétude, de découragement et par suite de mécontentement !

N'est-ce pas, ici, le moment de rappeler les judicieuses déclarations et les éloquentes paroles prononcées le 18 janvier 1888, par Mgr le Comte de Paris devant un groupe important d'ouvriers qu'il recevait à Scheen-house : « Vous avez longtemps, disait-il, fait crédit à ceux qui vous abusant par de

vaines promesses n'ont, en réalité, songé qu'à satisfaire leurs ambitions personnelles. Que vous ont-
ils donné? Le suffrage universel : mais il ne peut,
seul, assurer votre bonheur et votre indépendance.
Il a besoin de la liberté d'association et cette liberté
vous a été impitoyablement refusée... Vous avez vu
l'impuissance des hommes qui gouvernent la France,
à guérir vos maux; vous avez compris qu'il lui fallait un pouvoir assez stable pour être prévoyant,
assez fort pour s'élever au-dessus des partis. Ce
pouvoir saura développer le respect de la famille
qui, seul, conserve les forces vives d'un peuple
laborieux, et donner à vos intérêts les légitimes
satisfactions que vous réclamez. »

XII

Est-il exact, comme le disent les personnages
appelés à présider les fêtes agricoles ou industrielles, que les agriculteurs et les industriels exagè-
rent leurs souffrances ?

La meilleure réponse qu'il convienne de faire à
ces allégations optimistes est d'examiner les relevés
de la valeur locative des propriétés et de leur valeur
vénale. Il n'y a pas un notaire qui ne déclare que
l'une et l'autre ont baissé de plus d'un tiers depuis
vingt ans, et que le nombre des propriétés laissées
sans culture s'accroît chaque année.

Dans l'un des départements les plus riches de
France, un expert, chargé par le président du tribunal d'évaluer des propriétés soumises à une liquida-
tion judiciaire, déclarait qu'il ne pouvait remplir

cette mission : « Il est impossible, disait-il, de déterminer la valeur « actuelle » des propriétés rurales parce qu'elles sont à ce point délaissées que les chiffres que j'indiquerais ne pourraient être que fantaisistes. »

Les capitaux s'éloignent des placements fonciers, et il en est de même pour les affaires industrielles. Que l'on interroge les chefs d'industrie, et tous répondront qu'il n'y a plus une grande maison de banque disposée à leur avancer les capitaux nécessaires pour augmenter leur outillage et surtout pour créer une affaire nouvelle, ne comportant pas l'émission d'actions cotées à la bourse.

Les détenteurs de capitaux ne veulent plus en faire emploi qu'à la condition de les avoir constamment à leur disposition. On ne veut plus faire de placements dont la réalisation, dût-elle être onéreuse, ne puisse pas se faire immédiatement. Un tel état d'esprit est uniquement dû aux préoccupations politiques; l'insécurité entrave les affaires à long terme, et cependant ce sont seulement celles-là qui développent la richesse d'une nation. La richesse de la France a considérablement diminué depuis vingt ans. Ceux qui en douteraient n'ont qu'à remarquer le rendement de l'impôt de l'enregistrement : en dehors des grandes villes, malgré les mutations par suite de décès ou de mariage, les moins-values s'accroissent constamment. Les agents de cette administration s'ingénient en vain à retrouver dans des cartons poudreux des lois dont les textes, par une interprétation judaïque, leur permettent de réclamer des taxes qui, depuis un siècle, n'avaient pas été perçues.

D'aussi mesquines et odieuses mesures fiscales ne sauraient remédier au déficit que la cessation presque complète des transactions doit nécessairement amener.

Au mois d'avril dernier, à La Roche-sur-Yon, M. le Président de la République s'écriait : « Le gouvernement de la République, qui a déjà tant fait pour les questions agricoles, ne laissera pas, soyez-en convaincus, son œuvre inachevée. » S'il a voulu dire que le bulletin des lois s'est enrichi de nombreuses mesures législatives, il a eu raison. Mais, au point de vue de la richesse agricole, si l'on en juge par les tableaux *officiels* de l'enquête agricole décennale — de 1882 à 1892 — les chiffres accusent, hélas ! une diminution considérable de la valeur de la propriété non bâtie. Les totaux du capital foncier et du capital d'exploitation étaient en 1882 de 100.128 millions; ils n'atteignent plus en 1892, que 85.864 millions. La perte qu'a subie l'agriculture s'élève donc à 14.364 millions. Quant au revenu net, il était, en 1882, de 1 milliard 129 millions, il n'est plus, en 1892, que de 800 millions. En résumé, la perte, au point de vue des produits agricoles, a été, en dix ans, de 329 millions !

Ne faut-il pas pousser un peu loin l'optimisme officiel pour ne pas reconnaître que la France s'est appauvrie dans les dernières années ?

Les lois de détail annoncées par M. le Président de la République ne porteront pas un remède sérieux à cette situation qui, si elle s'aggravait, deviendrait alarmante. L'organisation du crédit agricole et celle des Chambres d'agriculture, attendue depuis tant d'années est certes fort désirable; mais elle serait insuffisante pour rendre aux propriétaires et aux fermiers la confiance qui leur fait défaut. Tant que l'agriculture restera chargée d'impôts absorbant plus du quart de son revenu net, tant qu'elle ne jouira pas de tarifs de transport suffisamment abaissés, tant qu'elle sera livrée aux mains rapaces de spéculateurs et de falsificateurs souvent impunis, on aura beau multiplier les mesures législatives, elles seront inefficaces et souvent impuissantes à redonner à la propriété foncière sa valeur d'autrefois.

Mais, dira-t-on, le parlement, sur l'initiative du ministre des Finances, n'a-t-il pas voté un dégrèvement de 25 millions sur l'impôt foncier ? Si le jour où fut votée cette mesure, qui n'est à vrai dire qu'une réclame électorale, le gouvernement avait déclaré que cette diminution de recettes serait compensée par des économies réelles, on pourrait la comprendre, malgré les inextricables difficultés de son application. Mais il n'en est pas ainsi, et ce dégrèvement ne sera en réalité, pour les contribuables, qu'un déplacement de charges.

Quant aux agriculteurs, ils ne sauraient tirer aucun profit d'une telle mesure, dont le moindre défaut est de battre en brèche le principe même de l'impôt foncier. Comme l'a très justement remarqué un économiste qui fait autorité en cette matière : « L'impôt foncier doit être, écrivait M. P. Leroy-Beaulieu, dans le *Journal des Débats*, un impôt *réel, égal* pour toutes les terres : au lieu de cela, il deviendra un impôt personnel variant avec la cote. Et on se heurtera en plus aux plus singulières complications.

« Tel lopin de terre est indemne dans les mains d'un homme qui n'en possède pas d'autres ; s'il est acquis par un propriétaire moyen ou même par un tout petit propriétaire, qui en possède deux ou trois semblables, le voilà qui devient taxable ; puis, s'il est revendu à quelqu'un qui n'a pas d'autre bien, le voilà qui redevient indemne.

« Ce ne sera pas le petit cultivateur qui, en réalité, bénéficiera de la réforme : le cultivateur qui ne paie qu'une cote inférieure à 10 francs, ne vit pas exclusivement ou principalement de la culture de son bien ; c'est soit un journalier, pour lequel le lopin qu'il possède ne fournit qu'une ressource très accessoire à son existence, soit un artisan, un petit commerçant, parfois même un médecin ou un notaire de village qui a un petit jardin de 8, 10 ou 15 ares attenant à son habitation. »

Les souffrances des agriculteurs ne sauraient être atténuées par une telle mesure.

Quant au commerce, le relevé du mouvement de nos ports les plus importants, Marseille et le Havre, démontre la décroissance des opérations commerciales.

C'est, d'ailleurs, l'organe de M. Méline, la *République Française*, qui, le 11 septembre dernier, disait :

« Le commerce est, en effet, par sa nature, extrêmement défiant. Il a besoin de *stabilité* et quand il redoute que celle-ci disparaisse, il préfère s'abstenir. Or, la campagne acharnée menée à grand tapage par nos adversaires, depuis plus d'un mois, aura eu pour seul résultat d'inspirer la méfiance au commerce comme à la meunerie.

« Meuniers et commerçants sont reconnaissants au

gouvernement de la résistance énergique qu'il a opposée aux sommations qui lui sont adressées. Mais ils se demandent si cette résistance ne s'épuisera pas, et ils redoutent un changement de régime douanier survenant au cours d'opérations engagées pour plusieurs mois. Voilà pourquoi la plupart s'abstiennent aujourd'hui et ne se livrent qu'aux opérations courantes les plus urgentes. »

En un mot les commerçants sont inquiets parce que le régime républicain manque de stabilité et qu'il ne peut, par conséquent, leur donner le sentiment de la confiance, condition cependant indispensable du développement des affaires.

XIII

Cette esquisse rapide de l'état politique, économique et social de la France paraîtra peut-être tracée avec des couleurs trop sombres. L'industrie et l'agriculture elle-même, sans constater ses indéniables souffrances, sont-elles donc en décadence? Le commerce, celui des grandes villes du moins, n'a-t-il pas toutes les apparences de la prospérité? Les impôts sont-ils jamais rentrés avec plus de facilité? Le désordre trouble-t-il encore la tranquillité des rues? Les ouvriers manquent-ils de travail dans les villes et même dans les campagnes? L'organisation de l'armée et de la marine n'est-elle pas complète?

En admettant qu'à l'heure présente, à la veille de la fièvre des préparatifs de l'exposition, la France n'ait rien à redouter, ni au point de vue extérieur, ni au point de vue intérieur, les dangers exposés dans les pages précédentes n'en existent pas moins. Ils sont inévitables avec l'organisation politique actuelle et il faudrait se complaire dans un mirage bien trompeur pour ne pas les voir.

Il ne rentre pas dans le cadre de cet écrit d'examiner la situation de la France au delà de nos frontières : c'est un sujet trop délicat pour être traité incidemment; il est cependant impossible de passer sous silence quelques incidents dont le dernier et le plus sensationnel a été la proclamation par le tzar dans le toast prononcé à bord du *Pothuau* « de l'alliance qui unit la Russie et la France ».

Nul ne saurait en méconnaître l'importance ; et, cependant, l'enthousiasme qu'il a provoqué n'a-t-il pas été exagéré ?

Quand les journaux officieux exultaient, dès le mois d'octobre 1896, en imprimant en gros caractères les paroles de l'empereur de Russie assurant la France « de son inaltérable amitié »; quand ils attribuaient au gouvernement le mérite d'avoir ménagé la visite du tzar, ils se faisaient une bien singulière illusion. Ils ont pu s'en convaincre facilement en lisant ceux de leurs confrères qu'inspire la chancellerie russe : ce n'est pas pour rendre hommage au régime actuel que Nicolas II a traversé la France de Cherbourg à Pagny-sur-Moselle. Après avoir rendu une visite aux empereurs d'Autriche et d'Allemagne ainsi qu'à la reine d'Angleterre, il était obligé de venir à Paris. En agissant autrement, il aurait fait une injure imméritée à une grande nation dont le concours ne lui est pas indifférent pour continuer la sage politique de ses augustes prédécesseurs, qui, depuis de longues années déjà, avaient compris que toute nouvelle atteinte portée à ce qui reste de l'équilibre européen, serait nuisible aux intérêts de leur vaste et puissant empire.

N'en déplaise à nos gouvernants d'aujourd'hui, ce n'est ni à M. Faure, ni à M. Méline, ni à MM. Loubet et Brisson, que l'empereur de Russie a fait une visite, mais « à la France entière ». Les paroles qu'il a prononcées à Cherbourg, à Paris, à Châlons et surtout le télégramme adressé de Pagny-sur-Moselle au président de la République, le toast même prononcé à bord du *Pothuau* dans la baie de Cronstadt ne sauraient laisser à cet égard aucun doute; le mot République a toujours été omis, et il faudrait être par trop naïf pour croire que cette prétérition n'ait pas été volontaire. Dans sa réponse au discours prononcé par le président de la Chambre, le jour de l'ouverture de la session, M. Méline paraît cependant ne pas s'en être rendu compte, lorsqu'il s'est écrié que la visite de Nicolas II « donnerait au gouvernement de la République toute la force et toute l'autorité nécessaires. »

Cette interprétation du voyage de S. M. l'Empereur de Russie était absolument fantaisiste. Les incidents de celui qu'a fait M. F. Faure l'automne dernier, en Russie, indiquent bien que la préoccupation constante du tzar, aussi bien en 1897 qu'en 1896, a été d'éviter de prononcer toujours le mot de République et d'affecter de ne recevoir, avec les honneurs qui lui étaient dûs, que « le suprême représentant de la *nation* Française ».

C'est pourquoi, l'an dernier, M. Brisson avait été bien inspiré en se bornant à dire « qu'après la réception des marins français à Cronstadt, à Moscou, à

Pétersbourg, après la visite des marins russes à Toulon et à Paris, les journées du 4 au 9 octobre 1896 ont vu se resserrer l'amitié de deux nations grandes et fières. » Il avait eu raison aussi de rappeler que la Chambre, dès 1881, avait manifesté les sympathies de la France pour la Russie. Mais puisque le président de la Chambre a cru devoir faire cette revue rétrospective des relations de deux grandes nations, il eût pu rappeler que ceux à qui la difficile mission incomba, en 18 ., de sauvegarder la France d'une agression violente et injustifiée ont concouru, pour leur grande part, à la formation de ces *liens précieux* dont la France entière se réjouit aujourd'hui.

C'est à la politique sage et prudente du maréchal de Mac-Mahon et du duc Decazes, habilement interprétée par le général Leflô, honoré de la confiance de S. M. Alexandre II, que la France est redevable de ces *traditionnels* sentiments de sympathie auxquels Nicolas II a fait allusion. Les hommes qui étaient au pouvoir en 1875, ont été les ouvriers de la première heure de cette entente qui nous a relevés de l'isolement auquel le prince de Bismarck, en contribuant à l'établissement de la République, se proposait de nous condamner à jamais. M. de Bismarck écrivait au comte d'Arnim qui, tout en s'en défendant dans sa correspondance officielle, était d'avis que l'Allemagne ne devait pas s'opposer à une restauration monarchique de la France : « Nous n'avons certainement pas pour devoir de rendre la France puissante en consolidant sa situation intérieure et en y établissant une monarchie en règle, ni de rendre ce pays capable de conclure des alliances avec les puissances qui ont jusqu'à présent avec nous des relations d'amitié. » Ce sont eux qui ont jeté les bases de cette union que la politique hautaine et tracassière du prince de Bismarck, contre la Russie elle-même a resserrée.

Les évènements qui se sont succédé en Europe depuis 1880, et de récentes révélations, ont confirmé dans l'esprit des successeurs d'Alexandre II la pensée que l'accroissement de l'unité germanique était un danger qui les menaçait; l'alliance franco-russe ou plutôt le pacte défensif intervenu entre les deux gouvernements a été la réponse à la triple alliance de l'Allemagne, de l'Autriche et de l'Italie. Ce pacte n'est, à vrai dire, qu'un contrat d'assurance mutuelle, échangé entre la France et la Russie dans l'intention réciproque de se prêter aide et concours, si un puissant voisin essayait *manu militari* d'apporter une nouvelle modification à l'état territorial de l'Europe. L'entente franco-russe ressemble à certains égards à cette coalition qui se fit au commencement de ce siècle entre nations dont les intérêts restaient divers et parfois opposés, mais que réunissait pour un moment la nécessité de résister aux prétentions ambitieuses d'une puissance devenue un danger pour les autres. Elle n'est en réalité qu'un contre-poids à la triple alliance, et, si celle-ci se dissolvait, on peut se demander si elle aurait elle-même une longue durée.

Loin de nous de méconnaître l'utilité de notre entente cordiale avec la Russie. En mettant fin à l'isolement auquel la France était condamnée depuis 1870, l'Empereur Nicolas a droit, comme ses prédécesseurs, à notre gratitude. Nous ne la lui avons pas marchandée du reste. La Russie, aussi, a tiré grand profit de cette alliance; n'est-ce pas en France que le gouvernement russe a trouvé, par voie d'emprunt, les ressources financières dont il avait besoin pour développer son industrie, son agriculture et son commerce?

L'alliance, dont les clauses restent inconnues, n'aurait-elle pas pour base le maintien du *statu quo* territorial? Le sujet est trop délicat et douloureux pour insister, mais s'il en était ainsi, la satisfaction qu'elle a pu provoquer, ne saurait être qu'éphémère.

Le maintien de la paix est certes un bien précieux pour tous les peuples, et si notre entente avec la Russie en assure la durée, nous devons nous en féliciter; mais encore est-il permis de se demander le prix dont nous payons cette assurance. Jusqu'à ce jour le profit de l'alliance a été incontestable pour la Russie, pour sa politique en Orient et dans l'Extrême-Orient. La France est devenue un de ses satellites; le chancelier de l'Empire russe inspire la politique de notre gouvernement, on le croit du moins dans les chancelleries, ce qui est loin de faciliter nos relations, notamment avec le Cabinet de Londres.

Au point de vue économique, notre profit est nul; tandis que les importations allemandes quadruplent en Russie, les nôtres restent *stationnaires*. En retour des services que nous rendons à notre alliée, en lui facilitant l'émission d'emprunts contractés en majeure partie par des capitalistes Français, n'eût-on pas été en droit d'espérer que nos hommes d'État se seraient efforcés de préparer et d'établir une ère d'entente économique entre les deux peuples?

En l'état actuel de l'Europe, dès le lendemain du jour où l'Allemagne devenait le trait d'union de trois grands États dans le centre de l'Europe, l'alliance franco-russe était certaine, et, sous tout autre régime que la République, elle eût été conclue à des conditions plus avantageuses et plus conformes à nos aspirations nationales. En outre, ce qui ne saurait être douteux, c'est que cette entente serait à bref délai compromise, dans le cas où le pouvoir tomberait entre les mains des politiciens qui se proposent de porter atteinte à l'organisation des forces militaires de la France.

A son retour des fêtes du couronnement de Nicolas II, un rédacteur du journal *le Matin* a relaté un fort instructif entretien qu'il avait eu avec un haut personnage très au courant de ce qu'on pensait à la cour de Russie : « Le nouvel empereur poursuivra la politique de son père », aurait-il dit ; mais il s'empressa d'ajouter : « La plus sûre garantie des alliances présentes ou futures se trouve, pour la France, dans la force de son armée, de sa marine et de son *gouvernement*. On ne recherche et l'on ne cultive à Saint-Pétersbourg que l'amitié des gens forts. »

Que, malgré les imperfections signalées dans une autre partie de cet écrit, notre armée et notre marine soient solides, cela n'est pas douteux ; mais l'on ne saurait être aussi affirmatif en ce qui concerne le gouvernement. Sous la menace incessante des soubresauts imprévus, violents, du suffrage universel, subordonnant la politique à des incidents toujours possibles, le régime républicain est incompatible avec des alliances à long terme et non circonscrites à un but unique et limité.

Entre souverains qui peuvent s'engager pour l'avenir, il n'en est pas de même.

Dans une réunion de représentants de la presse conservatrice, le 1ᵉʳ mai 1885, le regretté Ferdinand Duval rappelait, en termes saisissants qu'il convient de reproduire, un fait historique qui prouve combien, au point de vue extérieur, les grands intérêts d'un pays sont mieux servis et défendus par la monarchie que par la République : « Au commencement de ce siècle, à la place de l'homme extraordinaire que le monde, ébloui par son génie, avait pris pour l'expression suprême de la force et de la puissance, sur le trône d'où il venait de tomber, s'était assis un roi vieux et infirme, revenant de l'exil après vingt-cinq ans écoulés, inconnu des générations nouvelles, entouré d'un gouvernement improvisé, sans argent et sans armée, mais ayant mieux qu'une armée, ayant un principe, une tradition, tout un cortège de glorieux souvenirs, ayant surtout une haute idée de son rôle, de sa mission et de son droit.

« En un jour la France reprit en Europe sa place et son rang. — « Talleyrand, disait avec dépit l'em« pereur Alexandre Iᵉʳ, parle comme s'il était le « représentant de Louis XIV. » C'est que le représentant de la France au congrès de Vienne avait trop d'esprit pour ne pas comprendre la force que donne la grandeur morale, et, s'il ne la portait pas en lui, il savait la discerner où elle était et s'en couvrir comme d'une armure. Parlant au nom de la vieille monarchie française, au nom d'un petit-fils de Henri IV, il se sentait plus respecté et prenait un ton plus fier qu'aux jours où il représentait la toute-puissance éphémère du plus glorieux des parvenus. »

Cette citation n'a pas besoin de commentaires ;

ils seraient vraiment superflus et ne pourraient que diminuer l'effet qu'elle doit produire sur tous ceux qui veulent envisager, sans parti pris, les grands intérêts de la France. Le mal originaire de notre politique étrangère, comme l'a fort justement signalé M. le comte de Chaudordy dans un livre qu'il a publié sur la politique extérieure, vient de notre organisation gouvernementale elle-même. « Les ministres des affaires étrangères occupent peu de temps le pouvoir et chacun d'eux veut y laisser trace de son passage. De là le besoin perpétuel d'agir. On ne peut se résigner au repos et à vivre presque dans le silence en attendant et préparant des circonstances meilleures. La supériorité des gouvernements qui ont des traditions et de la durée vient de ce qu'ils savent se concentrer en eux-mêmes lorsque de grands malheurs les frappent, etc., etc. » En fait, nos représentants à l'étranger ne sont plus maintenant que les interprètes d'une politique dont la direction peut être modifiée par les brusques changements des ministres et même du chef de l'État. Quelle autorité peuvent-ils avoir sur l'esprit des souverains auprès desquels ils sont accrédités !

La confiance dans la stabilité des gouvernements est une condition indispensable pour le succès durable des négociations diplomatiques : un régime politique qui n'offre aucun contre-poids au suffrage universel, rarement conscient de ses actes, viciés souvent par les fraudes les plus éhontées, ne saurait donner cette sécurité.

XIV

On entend dire quelquefois, par ceux-là même qu'effraie la suprématie du nombre, que l'éducation du suffrage universel se fera et qu'il finira par comprendre qu'il y a certaines conditions sans lesquelles une nation ne peut vivre : si on règlementait, ajoutent-ils, l'usage de ce droit, si on organisait son fonctionnement comme en Belgique, si on le rendait obligatoire et que l'élu ne fût plus, comme cela arrive souvent, le représentant de la minorité des électeurs, si les électeurs étaient, tous, incités à prendre une part active au scrutin par la réforme qui donnerait aux minorités la certitude d'être représentées, si, enfin, par le rétablissement du scrutin de liste, la vie politique, aujourd'hui rapetissée à de vulgaires et mesquines questions de personnes, renaissait dans nos départements, un gouvernement régulier serait-il donc incompatible avec le suffrage universel ?

Que ces réformes fussent de nature à faire envisager l'avenir sous de moins sombres couleurs, cela ne saurait être douteux ; mais s'accompliront-elles jamais sous la République ? Avec la Chambre divisée comme elle l'est et les ministres actuels ou ceux de demain, il est permis de croire que l'on continuera à vivre au jour le jour, jusqu'au cataclysme final prédit par M. Thiers : la République ne saurait être conservatrice.

L'expérience qui dure depuis si longtemps ne l'a que trop prouvé. A supposer, ce qui n'est guère probable, qu'il lui fût possible de remonter la pente sur laquelle elle glisse avec une vitesse de plus en plus accélérée, elle ne saurait assurer à la France cette sécurité du lendemain sans laquelle tous les biens sont vains et éphémères. On aura beau faire : un pouvoir régulier et modéré est incompatible avec la forme républicaine.

Mais, dit-on, la formation et la durée du cabinet présidé par M. Méline ne prouvent-elles pas, au contraire, que la république modérée n'est pas une utopie?

Que signifie le mot modéré? C'est la définition de ce mot qu'il conviendrait, d'abord, de bien préciser.

Est-ce être modéré que de déclarer, comme l'a fait M. Barthou, que les lois scolaires, assises sur les bases inébranlables de la démocratie, seront à jamais, à ses yeux et à ceux de ses amis, considérées comme intangibles ?

Est-il un ministère modéré, celui qui, le 16 novembre dernier, a laissé voter, sans souffler mot, l'affichage d'un discours de M. Léon Bourgeois contenant les attaques les plus violentes contre les croyances religieuses?

Est-ce un ministère modéré, celui qui provoque la violation du principe établi, il y a cent ans, dans nos lois fiscales, que l'impôt foncier ne doit jamais avoir le caractère d'un impôt personnel?

Est-ce un ministère modéré, celui qui, à l'instar de ses prédécesseurs, laisse commettre par le garde des sceaux des actes de pression sur la magistrature; celui qui, plus encore que le cabinet radical qu'il a remplacé, engage des poursuites contre les congrégations et suspend le traitement d'un grand nombre d'ecclésiastiques?

Le 18 octobre 1896, un ancien président du conseil, M. Ch. Dupuy, appréciait ainsi la politique de M. Méline : « Que veut-on que pense le pays, lorsqu'il met en regard de la campagne et des discours du parti radical le silence des membres du gouvernement?... Le silence... ce n'est pas tout à fait exact : M. Méline et ses collègues ne sont pas avares de discours où fourmillent les assurances d'énergie contre le socialisme et le radicalisme, mais les actes, où sont-ils ? »

Le très distingué directeur du *Moniteur universel* signalait un jour, dans l'un de ses remarquables articles, la difficulté, lorsque l'on est au pouvoir, de se départir des principes que l'on a défendus, avant d'y arriver : « Au nom, écrivait-il, des doctrines traditionnelles du parti, il est très facile aux radicaux de préconiser les thèses révolutionnaires : ils ont pour eux la logique et la poussée des passions malsaines que le régime excite et attise. Les modérés, au contraire, sont condamnés à l'inertie. Veulent-ils tenir compte des données de la raison? Le gros du parti se lève contre eux. Veulent-ils se faire bien voir du parti? Ils font, alors, des concessions dont leurs adversaires ne leur savent aucun gré, mais retirent des profits réels. »

Toute l'histoire du parti modéré sous ce régime républicain est exactement résumée en ces quelques lignes; ce serait donc une bien grande illusion de croire qu'avec les institutions républicaines il puisse lutter victorieusement contre ceux qui veulent la destruction de l'état social actuel.

Un chaleureux appel vient d'être adressé à tous les conservateurs; on les adjure d'apporter leur concours aux candidats qui, dans les prochaines élections, tout en se plaçant sur le terrain constitutionnel, s'engageront non seulement à combattre les doctrines socialistes et révolutionnaires, mais à défendre avec énergie toutes les libertés. Cet appel, nous l'entendrons, parce que nous plaçons avant tout l'intérêt du pays : mais d'avance, nous ne nous ferons aucune illusion sur le résultat. Le mal dont souffre la France ne saurait être guéri avec les institutions actuelles. Un jour viendra, plus ou moins prochainement, où la France inquiète et effrayée recourra au principe monarchique, à ce principe (1), « de la tradition historique s'adaptant avec sa merveilleuse souplesse aux institutions modernes; à ce principe qui apportera au gouvernement de notre société démocratique l'élément pondérateur qui manque sous le régime républicain; à ce principe qui permettra à la monarchie de satisfaire à la fois les besoins conservateurs de la France et sa passion de l'égalité; qui fera enfin que le gouvernement ne sera plus la revanche d'un parti vainqueur sur un parti vaincu ». L'opinion publique, alarmée des résultats de la politique incohérente du parti républicain et rassurée sur ce que serait la monarchie, voudra, à un moment plus prochain qu'on ne le croit, lui confier de nouveau les destinées de la France : elle a déjà le sentiment que, par sa stabilité, la monarchie donnerait aux affaires industrielles, agricoles et commerciales un développement incom-

(1) Instructions de Mgr le Comte de Paris.

patible avec l'insécurité du régime actuel ; elle sait aussi que l'hérédité du pouvoir, seule, peut permettre à un chef d'Etat de nourrir et de poursuivre ces longs espoirs et ces vastes pensées sans lesquels il n'est point de politique grande et vraiment nationale. — C'est un privilège qui ne peut appartenir qu'au chef héréditaire d'une nation, assuré, si la mort le frappe au cours de ses entreprises, d'avoir dans son successeur l'exécuteur de ses plans. La responsabilité n'est pas pour lui un vain mot, parce qu'il sait qu'elle retombera tout entière sur celui qui lui succèdera.

Ainsi, pour garantir au pays une sécurité durable, pour modérer et contenir les partis, pour rendre possible la poursuite de grands desseins politiques à l'intérieur et plus encore à l'extérieur, un seul moyen paraît efficace, c'est le rétablissement des institutions qui assureraient le maintien de l'ordre et la pratique de toutes les libertés, la monarchie traditionnelle et constitutionnelle.

Comme l'écrivait il y a dix-huit mois M. E. Hervé dans le *Soleil*, à propos du mariage de Mgr le duc d'Orléans avec l'archiduchesse Marie-Dorothée : « Par sa visite à Froshdoff, Mgr le comte de Paris a mis un terme aux divisions de la famille royale ; il appartiendra à son fils de mettre un terme aux divisions de la grande famille Française. Le duc d'Orléans est désigné pour cette tâche : l'étoile se lève sur lui et sur la nouvelle duchesse d'Orléans ».

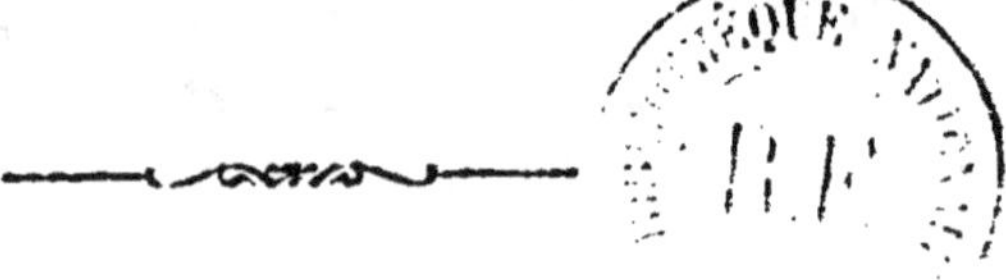

PARIS, G. PICQUOIS, IMPRIMEUR

108